U0130156

METAVERSE

元宇宙

重构人类文明与商业世界

刘沐真 王淳枫 ◎ 著

机械工业出版社
China Machine Press

图书在版编目（CIP）数据

元宇宙：重构人类文明与商业世界 / 刘沐真，王淳枫著 . -- 北京：机械工业出版社，2022.5

ISBN 978-7-111-70868-1

I.①元… II.①刘…②王… III.①信息经济 IV.① F49

中国版本图书馆 CIP 数据核字（2022）第 088055 号

元宇宙：重构人类文明与商业世界

出版发行：机械工业出版社（北京市西城区百万庄大街 22 号 邮政编码：100037）

责任编辑：贾 佳

责任校对：殷 虹

印　　刷：北京联兴盛业印刷股份有限公司

版　　次：2022 年 7 月第 1 版第 1 次印刷

开　　本：147mm×210mm 1/32

印　　张：6.25

书　　号：ISBN 978-7-111-70868-1

定　　价：69.00 元

客服电话：（010）88361066 88379833 68326294　　投稿热线：（010）88379007

华章网站：www.hzbook.com　　读者信箱：hzjg@hzbook.com

元宇宙：人类未来数字文明的"新大陆"

2003 年，非典疫情加速了互联网大众化和商业化的进程。那一年，淘宝等对中国数字经济产生深远影响的企业诞生了，网易、搜狐、新浪等互联网企业实现了上市以来的首次全年盈利，股价重新驶向上涨的快车道。也正是从那之后，以互联网为代表的数字经济异军突起，成为引领科技革命、产业变革并带动经济增长的重要引擎，人们逐步迈上了数字化迁徙的道路。

2020 年蔓延至今的新冠肺炎疫情，让人们的生活方式发生了本质的变化。在全球范围内，随着短视频、线上教育、新零售等新业态的快速普及，各地的人们都开始习惯于在线上办公、学习和娱乐。越来越多的人体会到远程在线协作的高效与便捷，为此，许多企业也开始调整流程和组织架构与之相适应，诸多实体产业同样进行了变革升级。从历史视角看，新冠肺炎疫情很有可能是人类进入数字化新世界的历史性"拐点"。

随着人们数字化生存场景的增加，传统的移动互联网已经不再能满足人们日益增长的需求，我们迫切需要找到一个更好的数字空间来承载数字化的生活方式，而元宇宙则是这一问题最佳的解决方案。

元宇宙的本质是五大融合

当前元宇宙的发展还处于非常早期的阶段，众人对于其定义并没有统一的说法。许多人担心元宇宙是高度致幻的"精神鸦片"，人类会沉浸在虚拟世界里故步自封。但在我看来，元宇宙并不是一个单纯的虚拟空间，而是第三代互联网（Web 3.0），即 PC 互联网和移动互联网之上更高维度的数字化空间。

这个数字化空间发展的动力来源就是将云计算、分布式存储、物联网（Internet of Things，IoT）、虚拟现实（Virtual Reality，VR）、增强现实（Augmented Reality，AR）、第五代移动通信技术（5th Generation Mobile Communication Technology,

5G)、区块链、人工智能（Artificial Intelligence，AI）等前沿数字技术进行集成创新与融合应用。未来的元宇宙并不仅仅是基于单独某一项技术的发展，更是将这些技术进行综合运用，打造一个全新的开放空间。在这个开放空间中，区块链技术让数据成为资产，智能合约打造可编程的智能经济系统，AI构建全球智慧大脑并创造"数字人"，IoT让物理世界的现实物体向数字空间广泛映射，AR实现了数字世界与物理世界的叠加，5G、云计算、分布式存储参与构建更加宏伟的数字新空间。

元宇宙不是数字乌托邦，本质上是"五大融合"形成的数字新空间，即数字世界与物理世界的融合、数字经济与实体经济的融合、数字生活与社会生活的融合、数字身份与现实身份的融合、数字资产与实物资产的融合。元宇宙的关键价值在于通过"五大融合"促进数字经济与实体经济的发展。

元宇宙的发展将经历一个逐步迭代且持续扩展边界的过程。元宇宙将成为承载人类未来生活方式的数字新空间，这是一个人人都会参与的数字新世界，每个人都可以摆脱物理世界的约束，在数字空间中成就更好的自我，实现自身价值的最大化。未来，元宇宙将会促进数字经济与实体经济实现更深层次的融合，助力"百行千业"全面转型升级，为实体企业开辟全新的发展空间。

元宇宙是人类数字化生存的起点

1983 年，美国科幻作家布鲁斯·贝斯克（Bruce Bethke）在短篇小说《赛博朋克》中创造了"赛博朋克"这个名词，并在该作品中刻画了一群小众的电脑技术宅形象。到了 1996 年，数字化"教父"尼古拉斯·尼葛洛庞帝（Nicholas Negroponte）在《数字化生存》这本书中写到，人类将生存于一个虚拟的、数字化的生存活动空间，在这个空间里人们通过信息技术交流、学习和工作。

毫无疑问，互联网数十年的发展拉开了人类数字化迁徙的大幕，随着科学技术的进一步发展，数字化的进程也正在加快。2021 年是元宇宙元年，互联网迭代升级的高潮即将到来，这是人类完成数字化迁徙的终点，也是人类正式开始数字化生存的起点。我认为，从产业、数权、组织、身份、文化、金融六大维度看，元宇宙将开启未来人类数字化生存的六大趋势。

趋势一：数字经济与实体经济深度融合。这主要指在元宇宙中，产业将全面升级，数字资产与实物资产孪生。在元宇宙时代，"万物互联"将逐步走向"万物互信"，再到"万物交易"和"万物协作"。数字化技术给产业带来的变化绝非简单的技术升级，而是底层商业模式和产业链条的革新。元宇宙时代会有与现在完全不一样的产业图景和商业形态，数字经济与实体经济将深度融合。

趋势二：数据成为核心资产。未来在元宇宙中，数据就是财富，数据权利被充分保护。中心化互联网机构垄断数据资产、滥用用户隐私数据的模式将会终结，取而代之的是一个充分实现数据权益保护、数据资产化和要素化的全新经济系统。区块链技术可以作为"确权的机器"，可以提供一种极低成本的数据确权服务，并通过智能合约实现数据的交易和价值分配，从而让数据成为每个人真正的资产，让数据价值实现最大化。

趋势三：经济社群的崛起和壮大。在元宇宙中，经济社群将成为主流的组织方式，数字贡献将引发价值分配的变革。到了元宇宙时代，组织形态的升级是比资产形态和商业模式变革更加深层次的变化，开放、公平、透明、共生的"经济社群"有望成为主流的组织形态。元宇宙时代的组织目标将转变为"社群生态价值最大化"，以组织变革的力量，助力各行业实现效率变革，开创更加公平、更加普惠、更加可持续的数字经济新范式。

趋势四：重塑自我形象和身份体系。随着数字生活与社会生活的进一步融合，我们的日常生活将全方位地向元宇宙迁移，数字形象也将成为我们主要的社交形象。数字形象只是元宇宙中数字身份的外在表现形态，而数字身份是元宇宙中一切数字活动的基石，每个人都将拥有一个具有通用性、独立性、隐私性的数字身份。数字身份可打通身份、数据、信用和资产体系，并逐步与现实身份融合，从而保障我们在元宇宙中的美好生活。

趋势五：数字文化大繁荣。在元宇宙时代，来自物理世界的物质性约束将越来越少，创意可能会是唯一的稀缺资源。因此，元宇宙时代也将是数字文化大发展、大繁荣的时代。IP 将成为元宇宙中一切产业的灵魂。其中，NFT [○]

○ NFT 是指非同质化代币。

作为数字文创产品的价值载体，有望成为元宇宙的核心资产类别。

趋势六：数字金融实现全球普惠。在元宇宙中，数字与实体将全面融合，一切经济活动都会向数字经济转变。这就要求金融服务数字化，让每个人都能低成本、高效率地使用数字金融服务。未来，DeFi[⊖]会将前沿技术、智能商业、开放组织、数字交易等整合起来，实现业务载体、分配模式、组织形态和产业关系等方面的变革，引领金融业迈向数字化和智能化的新时代。

我与本书作者之一的刘沐真先生相识多年。在这本新书中，作者以通俗的语言向我们展示了元宇宙带来的影响，从人类文明发展的角度提出了在互联网、区块链、元宇宙等基础上发展出的虚拟文明。本书通过大量的案例揭示了虚拟引擎、IPFS[⊜]、虚拟现实、增强现实、人工智能等技术在商业模式上的突破，并用实际的案例展示了元宇宙生态，同时以现

⊖ DeFi 是指去中心化金融或者分布式金融。
⊜ IPFS 是指结合了点对点传输技术、分布式哈希表（DHT）、Bit-Torrent 传输技术等的互联网底层协议。

有诸多元宇宙项目为基础，为大家理解元宇宙中的多元化应用场景提供了思路。

未来大家在元宇宙中的探索，将把数字时代推向全新的维度。每个人都可以打破物理世界的束缚，表达自己的创意，从而有机会平等地实现价值，这个价值包括了技术价值、数据价值、贡献价值、形象价值、创意价值和财富价值。当变革浪潮来临时，大家需要用大量的时间和精力进行学习和思考，掌握"元宇宙新思维"（元宇宙新思维 = 技术思维 × 金融思维 × 社群思维 × 产业思维），从容应对未来一系列新技术挑战。对于每一位关心未来人类文明发展方向的朋友，本书值得你认真阅读。

是为序。

中国移动通信联合会元宇宙产业委员会执行主任

中国通信工业协会区块链专委会轮值主席

火大教育校长

于佳宁

2021 年 12 月

元宇宙应是"临界知识"

猎豹移动董事长兼 CEO 傅盛曾说："人与人之间最大的差别是认知。"一个人的认知是由他的知识深度决定的。

那么，知识是什么？知识除了是需要我们学习的东西，更是能够改变我们行动的信息。今天最被关注的知识就是元宇宙了。

2021 年是元宇宙元年，我们正在经历着社会生活、经济活动向元宇宙的大迁徙，未来每个人的工作、学习、社交、娱乐都将在元宇宙中完成。未来 10 年是元宇宙的黄金 10 年，元宇宙经济会先于元宇宙体验得到发展，人类社会、经济、组织都将被重构，我们需要重新审视自身的生存、生活与创造及人类的技术、商业和文明。

知识有以下三个认知维度。

信息。 如果只是知道元宇宙的概念，看到了元宇宙的新闻，这是信息，但这只是知道了而已，仅仅让自己多一些谈资。

普通知识。知道元宇宙的概念并了解元宇宙爆发的前因后果，这是普通知识，是对信息的进一步了解，但也只是不会让自己在时代中落伍而已。

临界知识。知道元宇宙概念，了解元宇宙为什么爆发，还知道它未来的发展趋势并能加以运用，这才是临界知识——经过深度认知得出的具有普遍指导意义的规律或定律。

对待元宇宙，理解深度的不同决定了结果的不同。

那么，把元宇宙信息变成元宇宙临界知识，也需要遵循认知的三个维度：①信息准确，有效输入——将信息与旧经验联系起来；②进一步挖掘信息——和自己已有的知识进行联系；③促进已有知识产生新知识，构建自己的未来发展路径。

当前元宇宙还处于发展初期，各种说法、观点层出不穷，有些人对元宇宙存在误解；有些人虽然拥抱元宇宙，承认元宇宙的趋势，但是无法充分地了解元宇宙的发展特征及对自身发展的影响；有些人会未雨绸缪，思考未来的发展方向，甚至也想参与元宇宙大业，但是苦于没有方法和途径……

我一直认为元宇宙的学习过程一定是这样的：在分析元宇宙问题的时候，我们要能够跳出元宇宙本身思考更具有普遍性的情况；在寻求未来发展答案的时候，我们要能够根据可信度判断是否接受这个结论，并从中受到启发。

很幸运，我们遇到了本书，它让我们实现从元宇宙信息到元宇宙临界知识的一次认知升级。

本书拨云见日，从人类文明发展的角度阐述元宇宙诞生的必然性，客观理性地阐述了关于元宇宙的观点及元宇宙发展特征，让我们知其然更知其所以然，让我们得到关于元宇宙信息的准确、有效的输入。

本书将目光放置于整个人类社会之上，从元宇宙中看到更多的"普遍规律"，将元宇宙的价值和影响与我们充分联结，帮助我们实现一次元宇宙信息到元宇宙临界知识的演化。

实现发展要找对风口和赛道，通过阅读本书翔实的案例，我们可以知道市场的最新动态和技术的最新发展趋势；通过阅读元宇宙的落地方式及商业模式，我们在风口下便可有的放矢。

希望每一个人都能认真阅读这本书，积极思考，深入突破。对于我们而言，元宇宙是一次巨大的发展机遇，不要做事不关己的看客，而要把自己主动融于其中，洞见未来，集合元宇宙临界知识打磨一个璀璨的未来。

芯链元宇宙生态联合发起人
蓝莲花
2022 年 1 月 12 日

前　言

　　100 年后，人类数字世界里流传着这样一个版本的"盲人摸象"故事。

　　有几个出生在 20 世纪的自然人，不知道什么是元宇宙，于是相约去探索元宇宙。

　　第一个人是极客，他一眼就看到先进的软硬件设备，兴奋地大喊："元宇宙就是软硬件技术组合运用的奇迹！"

　　第二个人是程序员，他很快发现了开源框架，十分冷静地说："元宇宙就是 0 和 1 创造的虚拟世界。"

　　第三个人是投资者，他一头扎进新兴数字资产中，兴高采烈地说："元宇宙就是新的投资圣地。"

　　第四个人是企业家，他很快嗅到了元宇宙中的商机，若有所思地说："元宇宙就是人类新的商业图景。"

　　第五个人是普通打工族，他发现不用到公司也可以办公，开心地说："元宇宙可以实现虚拟办公。"

　　第六个人是 Z 世代小青年，他看到很多人在元宇宙里把劳动当娱乐，激动地说："元宇宙就是一个大游戏！"

每个人对于元宇宙都有自己的理解，或者说每个人都只是想要自己心中的元宇宙。

当然，这不是生于 20 世纪的自然人的错。毕竟元宇宙是当时最先进技术的集合体，融合了扩展现实、人工智能、云计算、大数据、物联网、区块链等太多的技术；元宇宙又是当时最前沿的显学，引发了数学、加密学、信息学、生命科学、社会学等学科的交叉互动，当时没有人能给元宇宙下一个明确的定义（即便现在也是），自然令人眼花缭乱又充满无限遐想。

100 年后"盲人摸象"的故事讲完了，让我们回到现实中，想一想我们眼中的元宇宙是什么样子的。

其实，不管是现在还是未来，元宇宙时代已来，这是机遇也是趋势。元宇宙概念包罗万象，我们要做的不是去定义元宇宙，而是理性地解读元宇宙，从而发现其中的技术趋势、商业机遇以及未来的财富形式。

目录

CONTENTS

推荐序一

推荐序二

前言

第一章
文明的轨迹

从古典原子论谈起⋯⋯2

通往数字文明之路⋯⋯6

元宇宙的形态演化⋯⋯10

真实的虚拟世界⋯⋯14

第二章
风口的迷失

寒冬里的汹涌热潮⋯⋯22

从 Web 1.0 到 Web 3.0⋯⋯25

数字化冲击⋯⋯30

即使是狂悖妄想⋯⋯35

第三章
商业流通的底色

永不消亡的确权……40

用 NFT 对标现实……45

NFT-DeFi 模式……50

IDO 的出圈价值……55

以太坊的要素生态……61

第四章
商业技术的破壁

"自循环"和"大蚂蚁"……68

不可或缺的底层架构……72

虚实时空的入口……76

虚幻引擎引爆愿景……80

AI 的融合时刻……84

第五章
商业模式的升级

游戏的宇宙秘密……90

"数字孪生"场景……96

内容创造的迭代……101

UGC 资产定向……111

GameFi 的未来式……119

第六章
超大陆的登陆战

登陆战打响……132

Facebook 的 Meta 野心……135

字节跳动的"生态"打法……145

腾讯的资本布局……152

NFT "卖水人"阿里巴巴……158

后记 元宇宙启示录 …… 165

附录 元宇宙·轻观点 …… 169

参考文献 …… 178

第一章

文明的轨迹

从狩猎文明到农耕文明，再从工业文明到信息文明，下一个未来文明是什么？是机械文明，是星际文明，是生物文明，更会是虚拟文明！元宇宙的爆发预示着我们正步入虚拟文明时代，元宇宙必将是虚拟文明发展的巅峰，我们每一个人都会是其中的参与者，甚至是创造者。

从古典原子论谈起

现在，大家流行说凡事皆要"不忘初心"。同理，当我们大谈元宇宙的时候，我们不妨放慢匆忙前进的脚步，回望人类的文明发展之路，回溯人类的宇宙探索史，审视元宇宙爆发的理论基础，追寻元宇宙产生的历史背景和发展趋势。

毫不夸张地说，人类的文明史有多久，人类探索宇宙的历史就有多久。

2000多年前，古希腊哲人德谟克利特率先提出"原子论"，认为物质是由极小的称为"原子"的微粒构成的，物质只能分割到原子为止。他还构建了一个理论体系，解释了世界的隐秘秩序，即整个宇宙是由无限空间构成的，没有上下，没有中心，也没有边界，其间有无数原子在运动，原子不可分割，万物都由它们构成，构成事物的原子不断地流射出事物的"影像"，这些"影像"会作用于人的感官和心灵，人的感觉和思想便产生了。德谟克利特的视野和洞察力在今天看来依然是令人难以置信的。

基于德谟克利特的观点，我们建构了如下关于元宇宙的认知：人类运用特殊的"原子"代码，将现实事物的"影像"投射于虚拟时空中，这个虚拟时空又通过其流射出的"影像"，作用于现实事物。当虚拟时空与现实时空通过这样的"影像循环"融合在一起时，"元宇宙"便诞生了。

也就是说，元宇宙不仅是很多人认为的数字技术构建的一个虚拟空间，它也会与我们的现实世界发生碰撞和融合，并作用于我们的现实世界，从而对人类社会、经济、文化产生巨大影响。

以色列著名历史学家尤瓦尔·赫拉利曾在自己的著作《人类简史》中阐述到，在7万年前人类社会发生了认知革命后，整个人类文明经历了农业革命、科学革命等数个转折点。

尤瓦尔·赫拉利关注的根本命题是"虚构"，人类文明用"符号"，如文字、图像、声音等，来表示现实世界中不存在的事物，填补人类的认知空白，从而形成了文明的根源性力量。

"虚构"根植于整个人类文明的发展进程中，"虚构"的力量让整个文明如此灿烂。特别是迈入 21 世纪，随着信息技术的飞速发展，一个新的文明——信息文明诞生了。许多在现实世界中不存在或难以观测的"虚构世界"，开始通过各种方式出现在现实生活中。

信息文明以海量信息的高速和便捷传播为特征，为虚拟文明的发展提供了土壤。人类开始有能力创建虚拟空间，并在虚拟空间中工作生活。"虚拟文明"吸纳了互联网、物联网、区块链、人工智能、虚拟现实、增强现实、混合现实（Mixed Reality, MR）等技术成果，向人类展现出构建与传统物理世界平行的数字世界的可能性。

在发展虚拟文明的同时，另外几种人类文明也在同步发展，包括机械文明、生物文明与星际文明。其中，机械文明是产业革命以后，人类利用机械取代手工业进行大规模生产的近代资本主义文明。可以说，现代社会还在沿着机械文明的路线发展。生物文明是人类对生物自身探索与开发的文明。例如人类对大脑的开发、对生命的探索，都是生物文明的发展方向。星际文明是人类可以自由地遨游太空的文明。在星际文明时代，人类不但会继续探索太空，还能进行跨星系旅行，就像现在从一个城市到另一个城市那样简单。

元宇宙不仅将引发人类对信息科学、量子科学和生命科学的全新探索，改变科学的研究方式，还将为人文科学体系带来突破。

在哲学观点中，人类对于"创造新世界"的冲动是永恒存在的，元宇宙也会是人类"虚构"本能的一次极限放大。当"创造新世界"的认知、条件都得到满足时，元宇宙阐述的那个平行世界中的虚拟时空也必将被人类全力打造出来。

简单理解，元宇宙是人类文明发展的必然产物，人类正在进入虚拟文明时代。元宇宙是与人类现实物理世界交互的充满无限可能的虚拟时空。

通往数字文明之路

元宇宙给人的印象是宏大的，是有无限可能的，但在深入探讨元宇宙的时候，我们不妨回顾一下文明的演化历程，毕竟元宇宙已经超出了商业范畴，与人类文明更为相关。

在距今几百万年以前，人类为了解决食物不足的问题，制造并使用了各种工具。工具的使用让人类在整个生物群体中成为比较独特的存在。自此，人类诞生了狩猎文明。但这一阶段的人类对于食物的获取依然不是很稳定，当人类发现可以通过耕作畜养的方式稳定获取食物时，人类便进入了下一个文明——农耕文明。此后，人类可以自给自足地生存，生存的保证促进了文明的进一步发展。在接连几次的工业革命后，人类甚至自视为地球的主宰。巨大的产能也使人心发生了变化，资本家们宁可将食物倒掉也不免费或者低价出售给穷人。潘多拉魔盒的开启，激化了人类和整个地球生态系统的矛盾。人类的发展进入到工业文明之后，地球上其他生物灭绝的速度明显加快，环境污染日益严重，同时人类还经历了两次灾难性的战争，分别是第一次世界大战和第二次世界大战。到 20 世纪中叶，随着科技的不断发展，人类迈进了信息文明。在信息文明时代，人类个体获取的信息量级和速度与之前各时期相比都有巨大的提升，人类的觉醒与进步的速度开始明显加快，这为未来四大文明的并行提供了可能。

四大文明之一是生物文明。随着人们不断对生态平衡进行自我反省，不断对生物与人体自身进行探索，生物文明诞生了。到 20 世纪，人类已经可以克隆生物。21 世纪以后，随着非典疫情的暴发，以及当前新冠肺炎疫情的肆虐，中西医逐步融合，人类对于自身的探索必将加快。科幻电影《永无止境》和《超体》对人类的潜能已经做出了非常生动的演绎。

四大文明之二是星际文明。人类对宇宙的探索不断

地在为人类迈入星际文明制造条件和积累经验。人类虽然探索了月球和火星，但在移居太空、遨游宇宙、与地外生物交流等方面几乎没有太大进展。所以，这条文明线的进度会比较缓慢。当人类真正可以畅游宇宙之时，才是真正踏入了星际文明。

四大文明之三是机械文明，又称智能文明。《机器人五号》《变形金刚》等电影中描绘的场景，让人们对机械文明有着既期待又恐惧的矛盾心理。无论是使用Siri还是天猫精灵，都可以让我们感受到人工智能技术的迅速发展。这可以是一条单独的文明线，同时也可以为其他包括元宇宙在内的虚拟文明赋能。

四大文明之四是虚拟文明。在虚拟文明中，基于数字孪生体，我们可以生活在虚拟世界中；基于强大的人工智能技术，我们可以在虚拟世界中更好地进行数字创造；基于区块链技术、云技术，我们的"痕迹"和价值得以保存。

这四大文明之间又将呈现什么样的关系？

生物文明好比是"基础"，因为人是文明的主体，不管文明如何演变，人的主导地位不会变化；星际文明会是人类未来很长一段时间的"终极奋斗目标"，人类将寻求或发展出第二栖息地或者说"第二地球"；机械文明的作用是"技术赋能"，不管是生物文明、星际文明还是虚拟文明都离不开它的支持；而虚拟文明是一个"无形的网络"，悄无声息地融入生物文明、机械文明和星际文明之中。

元宇宙的形态演化

我们知道，一张普通的纸带有两个面，一只虫子需要跨过边缘才能从正面爬到反面。但是 100 多年前的德国数学家莫比乌斯发现，如果把纸带扭转 180 度然后将两头黏接起来，虫子无须跨过纸带边缘就能爬遍纸条两面。为什么会这样？因为这样加工过的纸带只有一个面——侧曲面，也就是说，它的面从两个减少到了一个。后来这种纸带被称为"莫比乌斯带"。

很多时候，人类的文明就是处于"莫比乌斯带"这般的扭曲状态——每一小步的前进，特别是技术的迭代更新，并不能表示整个进程的结束，反而可能只是迈向新起点的过程。元宇宙的出现便是如此。

元宇宙并非凭空产生，而是在人类信息技术乃至文明发展到一定阶段后，"扭曲"出的一种全新的形态。元宇宙也会成为现实物理世界和虚拟世界的"莫比乌斯带"，让我们无障碍地穿行于两个世界之中。从这个意义上来讲，元宇宙的发展经历了三个历史阶段。

第一阶段，有人称之为"古典形态"，我们可以把它通俗地理解为"浪漫形态"。在这一阶段，人类以文学、艺术、哲学为载体，构建起一个闭环式的"宇宙想象空间"，比如柏拉图的《理想国》、托马斯·莫尔的《乌托邦》等，在中国则有《易经》《封神榜》《西游记》等极具东方特色的代表作品。

第二阶段被称为"新古典形态"，我们可以将其通俗地理解为"科幻形态"。如果说古典形态依靠的是人类意识和思想的绽放，那么新古典形态则是有科学原理和技术支撑的、更为理性的元宇宙。1818 年，玛丽·雪莱创作的《弗兰肯斯坦》让当时的人们看到了"人造人"的奇迹，这实质上是用新的"造物"技术挑战自然。随着人类科学技术的进步，我们不仅看到了《时间机器》《我，机器人》《雪崩》等优秀科幻作品，也看到了极具代表性的

电影《黑客帝国》，它讲述了一个被计算机人工智能系统控制的世界。与此同时，人类技术突飞猛进，元宇宙的技术架构开始逐渐成形。1996 年，通过虚拟现实建模语言（VRML）构建的科幻城市模拟游戏（Cybertown）成为元宇宙初期模型发展的重要里程碑。

第三阶段被称为"高度智能形态"，这一阶段是基于清晰的技术支撑而发展出的一个全新的具有"去中心化"特质的阶段，标志性事件是美国互联网公司 Linden Lab 基于 Open3D 推出的《第二人生》（*Second Life*）。之后，美国 Roblox 公司、瑞典 Mojang Studios 等游戏公司成为开拓者。今天这一队伍的成员不断扩充，一方面，互联网公司诸如苹果、亚马逊、腾讯、阿里巴巴等纷纷进军元宇宙；另一方面，区块链、数字货币、数字资产等与元宇宙日益融合，不断冲击现有的技术、经济、文化体系。

从这三个历史阶段中我们不难看出，元宇宙的本质是虚拟与现实的融合，元宇宙会在云计算、区块链、人工智能、虚拟现实等技术都成熟之后发展出其最终形态。彼时，我们的价值观、人文思想、经济模式和元宇宙结合在一起，将会诞生一个全新的人类数字生存空间。

真实的虚拟世界

"元宇宙"一词最早出现在 1992 年尼尔·斯蒂芬森的科幻作品《雪崩》中。在著作中，作者描述了这样的人类"生存现实"：物价飞涨、货币贬值、虚拟货币泛滥，人类依靠头盔、目镜，找到终端连接，构建了一个游离于现实之外的"Metaverse"，即元宇宙。之后，不管是科幻小说还是科幻电影都为我们理解元宇宙提供了一条捷径。《头号玩家》描述的元宇宙也成为人们对未来互联网的某种愿景。

在当前市场中，Roblox 被认为是最接近元宇宙的产品。按照 Roblox 公司的官方说法，一个真正的元宇宙产品需要具备八大要素，分别是虚拟身份、朋友、沉浸感、低延迟、多元化、随时随地、经济系统、文明。

虚拟身份是指人们在虚拟世界中创造的一个"化身"

或数字替身，凭借它，我们可以自由地创造第二人生。

朋友是指在虚拟世界中与熟人或陌生人进行社交，并依托模拟现实技术，跨越时空、跨越虚拟和现实。

沉浸感是指使用 VR、AR 等设备打通现实和虚拟的界限，提升真实感。

低延迟是指通过云平台降低服务器之间的延迟反应，消除失真感。

多元化是指虚拟世界有超越现实的自由和多元化特性，我们将在创意、创造等方面实现真正意义上的自由。

随时随地是指不受时间和地点的限制，我们可跨终端随时出入虚拟世界。

经济系统指在虚拟世界中我们可以使用虚拟货币进行交易，其中有着一套完善的生产、消费系统，所有人都可以创造价值。

文明是指当用户数、内容丰富度达到了一定规模，虚拟世界走向繁荣时，元宇宙或许能够演化出人类的另一个文明世界。

我们可以通过以上八个要素，为大家提取一些更为

清晰的元宇宙特点。

第一，用户必须被映射在一个虚拟的世界中，这个世界可以平行于现实世界，可以存在于幻想世界，也可以穿越到未来或者远古世界。

第二，我们需要在这个虚拟的世界中拥有一个虚拟身份，可以发挥想象，任何已知生物或未知生物的身份都可以。

第三，元宇宙世界内部的种群数量必须足够多，也就是必须拥有相当数量的用户，只有这样，元宇宙才能更加繁荣，生态才可以更好地循环。

第四，与现实对照，元宇宙必须有以完整社交为核心的功能。通过 AI、VR 等技术支持，用户可以在虚拟世界中面对面、手牵手。

第五，元宇宙必须能让用户随时随地沉浸其中，这种沉浸式体验是一种正向的、积极的心理体验，让用户在参与元宇宙的过程中获得很大的愉悦感，从而促使个体反复进行同样的活动而不会厌倦。

最后，元宇宙必须是开放的。

那么究竟什么样的虚拟世界才算得上是"元宇宙"？可能现在的多数互联网项目都离它有一定距离。如果一个拥有"虚拟"身份的人，可以随时随地接入虚拟世界，并且这个世界有着自我不断发展的经济系统和文化内容，始终保持安全稳定地运行，同时也能满足个体的社交、经济、生活等需求，这应该是我们目前可以想象到的最合理的"元宇宙"呈现状况。

通过以上内容我们不难看出，游戏是更符合元宇宙概念的产品。

第一，人们可以在游戏中体验虚拟生存状态。

人们在游戏中可以更大限度地释放灵魂，超越现实地活在平行宇宙之中。在游戏中，用户从出生到成长有一个过程，在这个过程中，我们可以通过各种方式去积累经验和财富，并且在这个过程中我们是快乐的。

第二，人们可以通过游戏对虚拟社区有逼真的体验。

"在现实社会中被迫戴上虚伪的面具，在虚拟世界中无限地放飞自我"是当前很多人的真实状态：他们在很多人面前无法展示真正的自己，不能表达自己最真实的

需求；摘下虚伪的面具之后，他们又害怕被孤立。在当代，这种焦虑不仅仅是个人问题，更是社会性的问题。工作和生活焦虑等一些无处发泄的情绪，让很多人都身带戾气，使他们很难认真地体验生命带给他们的酸甜苦辣。相反，在平行于现实世界的虚拟世界里，人们敢于更真实地呈现自己，在做一件事情的时候人们更加重视其中的过程，倾听自己内心的声音。倒逼人们"向内看"未尝不是一件好事情。

另外，区块链技术对游戏的赋能，是整个人类迈向"元宇宙"的重要尝试。VR 和 AR 让游戏更真实，AI 让游戏更智能、更有趣，而区块链技术则让游戏更加公平且值得信任。区块链技术与游戏的融合已经变为创建元宇宙产品最重要的一步。将区块链技术应用于游戏，更容易构成一个平等主义的"元宇宙"。区块链技术对游戏的重要性并不在于使其带有金融属性，而在于让游戏道具得以确权并被赋予唯一性。

元宇宙从诞生起就不用经历现实社会最原始的生活方式。每一个进入这里的用户都会以类似上帝的视角去俯瞰一切，他们是造物者，会直接带来一套现实的社会体系。但是在这个过程中，元宇宙需要一个完整的经济模型去适配。毕竟，元宇宙并非只是游戏，更是人类虚拟社会的经济系统，其意义远超游戏和社交平台，缺少经济系统支撑的元宇宙只能是伪元宇宙。

第二章

风口的迷失

　　任何新技术、新概念的提出，都会极大地刺激人们的神经，激起人们对未来技术的狂热畅想。此时会有炒作，会有泡沫，也会有猜疑。但是当狂热退去，理性回归，我们便会迎来真正的发展。而现在，我们正处在元宇宙前夕、商业大洗牌前夜……

寒冬里的汹涌热潮

岁末，正当冷空气大举南下，北方飘起雪花，大地开启入冬模式之际，互联网上却热闹了起来。

2021 年 10 月，元宇宙概念股异动拉升，恒信东方大涨 19.98%，奥雅设计、中文在线、宝鹰股份涨超 9%，那一周也如人们戏称的那般"简直是元宇宙的专属一周"。10 月 29 日，马克·扎克伯格在其公司大会"Connect 2021"上，正式宣布将 Facebook 更名为"Meta"。扎克伯格在公开信里表示，人们正处于互联网下一篇章的开端，而这也是他的公司的下一篇章。此后，他将以元宇宙为优先，而不是以 Facebook 为优先。

在这股热潮之前，股票市场作为经济晴雨表早已率先做出反应。

2021 年 3 月，游戏公司 Roblox 以 45 美元的发行价在纽约证券交易所上市后，首日收盘暴涨 54.44%，元宇宙概念随之走入资本市场视线。到了 11 月，Roblox 在第三季度报告中亏损高达 7400 万美元，但次日股价仍暴涨 42.23%，达到 109.52 美元。

资本市场热潮涌动，科技企业也纷纷入局元宇宙。自 2021 年 7 月以来，国内外包括阿里巴巴、腾讯、字节跳动、Epic Games、索尼、三星等在内的多家科技公司已经申请了多个"元宇宙"商标，并在不同领域进行布局，让元宇宙概念落地。Epic Games 更是融资 10 亿美元打造元宇宙，加速构建与游戏世界相互连通的社交体验，同时为使用虚幻引擎的游戏开发者和发行商提供更好的服务。HTC VIVE 亦与中国移动咪咕启动战略合作，共同构建全球领先的 5G+ 高质量 XR [○] 内容生态。

与此同时，令人啼笑皆非的一幕也随之出现。元宇宙概念股中青宝，没有与元宇宙相关的任何营业收入，在 2021 年 9 月发布将推出元宇宙游戏《酿酒大师》的消

○ 扩展现实（Extended Reality, XR），AR、VR、MR 等多种技术的统称。

息后，2个月的时间里，股价上涨了近5倍。天下秀专注红人经济，公布了一款名为"虹宇宙"的App，借着元宇宙概念的东风，从2021年10月28日到11月1日，连续斩获三个涨停板，股价飞涨近30%。一时间，似乎"万物都能元宇宙"，蹭车的特别多，令人真假难辨。在元宇宙的热度下，有多家上市公司收到交易所问询函，被要求进一步阐明与元宇宙的关联及是否通过披露"加大公司对元宇宙相关投入"的方式蹭热点，并就股价较大波动进行充分的风险提示。

元宇宙存在的"隐患"（将在第二章的"即使是狂悖妄想"一节中为大家阐述），让人们不禁迷茫起来：元宇宙是泡沫、骗局，还是风口、趋势？就像有人说的那样，任何技术在被提出的时候，往往都是一个概念。概念以后会被炒作，炒作以后泡沫会破灭，然后到冷静期，随后再逐渐发展。元宇宙也是一样的。

从 Web 1.0 到 Web 3.0

在 2021 年阿里巴巴云栖大会上，阿里巴巴达摩院 XR 实验室负责人谭平表示，AR、VR 眼镜是即将要普及的下一代移动计算平台，元宇宙则是互联网行业在这个新平台上的呈现，是下一代互联网。各种各样的互联网应用，在元宇宙上都会有它自己的呈现方式。

所以，从互联网发展的角度看，元宇宙是一种"集合体"，Web 3.0 才是驱动力和核心。元宇宙涵盖了 Web 3.0 的全部功能，会如曾经的移动互联网改变 PC 互联网一样，颠覆现在互联网的使用方式。

Web 1.0

Web 1.0 基于 TCP/IP 协议、HTTP 协议以及 PC 和浏览器。互联网改变了信息的传输和存储方式，大大降

低了信息的交换成本。

这一阶段信息的载体是网站。门户网站爆发式发展，信息的第一入口是搜索引擎。在这个时期，各个领域出现的大量垂直流量平台（如谷歌、雅虎、新浪、搜狐，盈利模式单一），大多通过"点击流量"盈利。此时的信息数据集中在服务器，每个网站都是一个信息孤岛。对用户来说，信息处于"只读"模式，人们只能通过网站被动接收信息。

Web 2.0

Web 2.0 基于移动设备和移动互联网等新技术，彻底改变了用户与网站、网站与网站之间的交互方式。

这一时代的内容载体从网站升级为 App，智能移动设备成为主角，社交媒体和电子商务兴起，各类平台创造了大量内容。信息由 Web 1.0 自上而下被少数资源控制者集中的格局转变为自下而上的由广大用户共同主导的互联网体系，数据孤岛逐步被打通。用户不再被动地接收信息，而是有了自己的发言权，在图像、文字、声音、视频等动态多媒体网络平台中实时交互，自由地表达自己的观点和想法，并参与内容创建。与此同时，人们的注意力和时间构成平台流量，平台流量进而变成平台资产。

Web 3.0

如果说 Web 1.0 改变了信息的传输方式，信息的主导权在于搜索引擎和门户网站；Web 2.0 改变了交互方式，让用户更多地参与信息的创造、传播和分享；Web 3.0 则是彻底改变了互联网的数据结构和价值交换方式。

人们对 Web 3.0 的定义如下：网站内的信息可以直接和其他网站相关信息进行交互，第三方信息平台能同时对多家网站的信息进行整合使用；用户在互联网上拥有自己的数据，并能在不同网站上使用；完全基于网络，用浏览器即可实现复杂系统程序才能实现的系统功能；用户数据经审核后，同步于网络。

那么，如何迈入 Web 3.0 呢？

第一，万物互联。随着智能家电、移动设备和物联网

的发展，网络将跨越时间和空间，变得无处不在。

第二，AI筛选。AI支撑下的网站和平台会根据用户喜好，把高效过滤的信息提供给用户。此外，AI还可以通过学习如何区分"好坏"，提供更为可靠的数据。

第三，区块链变革。区块链的分布式技术正在构建起一个去中心化的、透明可信的互联网经济模式。这个模式以用户为中心，使人们在其中可以自由创造、访问和传播，还可保障个人数据的安全性和私密性。区块链掀起的金融革命，还可将个人数据转化为个人资产。

第四，三维网络世界。三维设计在游戏、电商、区块链、房地产等网站和服务中得到广泛运用，我们已经从二维网络世界发展为更加真实的三维网络世界。

元宇宙就是建立在Web 3.0之上的线上线下"穿越式"、信息"分布式"、场景三维化的互联网形态，应用场景更是囊括了数字支付、社交、数字藏品交易等，并利用AI学习、区块链技术来提供更加身临其境、互联互通的网络体验。基于这样的数字时空，人们可以通过开发虚拟货币、虚拟地产、虚拟艺术品、数字商品构建一整套经济系统。

所以，即便现在元宇宙存在泡沫，我们也无法否认它的价值。元宇宙将开启的是一个"每个个体时刻联网、各取所需、实时互动"的 Web 3.0 时代，也会是一个"以人为本"的互联网商业文明新时代。

数字化冲击

2020 年开始大范围蔓延的新冠肺炎疫情，将我们带到了"虚拟化"的临界点：第一，隔离加速社会"虚拟化"，全社会上网时长大幅度增加；第二，后疫情时代线上办公、线上购物、线上社交逐步"常态化"。

在此大环境下，内在认知和外在空间也在不断变化。一是认知的转变。人们认识到虚拟不等于虚假，虚拟世界不再如以往那样只是对现实世界的补充，而是变成了几乎与现实世界同等重要的平行世界。二是生活场景的迁移。线上线下打通，人们开始习惯线上的生活方式，大规模向虚拟世界迁徙，并开始进化为生活于现实和虚拟两个世界的"两栖"物种。

以上的变化为 2021 年元宇宙的爆发蓄足了势头，我们也最终见证了元宇宙元年的到来。当然，元宇宙的爆发并不单单是由于疫情，就像前文分析的那样，它是一个积累的过程，具有集群效应，是文明的"集群"，也是互联网技术的"集群"。

我们必须明确而清晰地知道，在我们可以感知的现实世界之外，还同时平行存在着一个虚拟的世界，并且这个世界在我们的工作生活中将会发挥日益重大的作用。

在房地产领域，元宇宙可以用于仿真虚拟房屋参观，购房者无须亲赴现场，在家里就可以通过元宇宙参观位于世界各地的房屋。在虚拟世界平台 Decentraland，一块虚拟土地被卖出了 243 万美元的天价。加密艺术品交易平台 SuperRare 以 50 万美元售出了一栋名为"Mars House"的虚拟房屋，这是第一个在 NFT 市场出售的数字房屋。

另外，有歌星把演唱会搬到《堡垒之夜》游戏平台举办，超过 1000 万游戏玩家在线付费观看了演出；虚拟美妆主播柳夜熙发布第一条视频，日圈粉 400 余万。当偶像虚拟化，虚拟人物偶像化，我们感知到的是虚实融合。我们对元宇宙的认知，将会从"外观"，扩展到"声

音""氛围"甚至"味道"。通过镜像现实，每一种感官都将体验到更为强烈的沉浸感。

2021 年，英伟达（NVIDIA）推出用于生成交互式 AI 虚拟形象的平台——NVIDIA Omniverse Avatar。在产品演示中，我们看到了嘉宾如何与虚拟卡通形象进行互动，还看到了一个餐厅客服人员的虚拟形象如何进行点餐、交谈，仪表盘上的数字助理如何帮助驾驶员选择最佳驾驶模式等场景。NVIDIA Omniverse Avatar 的语音识别基于英伟达的语音 AI 技术，可以识别多种语言，还可以通过转换功能生成接近真人的语音反馈；感知功能基于英伟达的计算机视觉框架；虚拟形象动画基于 AI 赋能的 2D、3D 面部动画和渲染技术；推荐引擎可以使企业建立能够处理大量数据的深度学习系统……这些数字助手更是可以为任何企业定制，帮助完成诸如餐厅订餐、个人约会、银行交易等日常客户服务。该平台自 2020 年 12 月至 2021 年 12 月已被 7 万多名创作者下载，被 700 多家公司使用，已经成为 3D 虚拟世界的"连接器"。

未来不管是提供虚拟的基础设施、虚拟的消费体验，还是借由"连接器"连接元宇宙，更多的企业将能够参与到元宇宙中来，进而改变我们的工作和消费方式。

总的来说，元宇宙对我们而言，具备这样的一些数字化特性。

第一，共享性社交。我们可以和其他用户在同一个世界中共享虚拟场景，并获得"真实"的存在感，元宇宙就好比动漫《刀剑神域》中主角在虚拟世界中创造的林间小屋，大家齐聚其中聊天和创作。

第二，内容创作，真实连接。元宇宙将真正以用户为中心，由创作者驱动，同时用户可以在现实和虚拟世界间无缝跳转，获得真实和虚拟产品的混合所有权（权益数字化）并与真实世界交互，将个人物品、个人资产，甚至个人能力、个人才艺从一个世界带到另一个世界。

第三，丰富的经济活动。数字世界不仅提供现实的模拟消费场景，还拥有基于加密货币、数字资产的功能齐全的经济系统，并可提供消费、投资及真实的所有权。

　　我们要做的便是在面对元宇宙带来的新世界时，具备新思维和新格局，透过迷雾，认识到元宇宙是人类身份系统、社交系统、经济系统在现实世界和虚拟世界的高度融合，也是人类未来社会数字化的趋势。

即使是狂悖妄想

被誉为"中国第一位元宇宙架构师"的科幻作家刘慈欣对于"Facebook 改名 Meta"一事表示，扎克伯格的元宇宙不是未来，也不应该是未来。他还表示元宇宙将会是整个人类文明的一次内卷。

刘慈欣为什么这么说？

其实，刘慈欣早在 1989 年就以未来世界的虚拟空间为载体写过长篇小说《中国 2185》，在这部小说中，他在一定程度上肯定了元宇宙存在的意义。但是在 25 年后出版的短篇小说《时间移民》中，他描述的 1000 年后人们生活在堆积如山的量子芯片中的场景，反映出他对元宇宙的担忧。

刘慈欣在一次公开演讲中表示，人类的未来，要么走向星际文明，要么迷失在 VR 打造的虚拟世界中，如

果人类在走向星际文明之前就打造了高度逼真的 VR 世界，这将是一场灾难。

刘慈欣是在杞人忧天吗？并不是。我们虽然从技术发展和人类社会数字化趋势中认知到了元宇宙发展的潜能，但是也应该理性认识到元宇宙发展的风险，这风险既有人性的风险，也有技术的风险。

2018 年，电影《头号玩家》为我们展现了一个无所不能的绿洲世界。但是 2021 年，《失控玩家》也将虚拟世界的负面效应最大限度地展现在我们面前：在兼具自由和罪恶的"自由城"中，玩家可以在游戏里烧杀抢掠，人性之恶被发挥到极致。对于有着无穷欲望的人类而言，当在元宇宙享受到无所不能的感官刺激后，谁还愿意回到现实世界呢？

再来看技术方面，Facebook 宣布要转型元宇宙的消息引发了人们对数据隐私的担忧。西英格兰大学的 VR 专家 Verity McIntosh 曾对此事表达过自己的看法。他认为，Facebook 在 VR、AR 方面投入如此之大，部分原因是用户数据疲软。确实，当用户通过穿戴设备在平台上进行穿越交互时，虚拟世界所呈现出来的不仅仅是用户的点击位置和交互内容，更是用户的喜好、选择、个性以及对某一事物的微妙反应等精细的数据。这些数据也不仅仅用于提供用户画像那般简单，而是会成为通往一个人潜意识的钥匙，对资本家来说这些数据都是金子般的宝藏。

当今的互联网多为中心化平台，很多人认为这已经背离了"自由开放"的初衷。确实，互联网让我们享受到了前所未有的便捷，但也让我们放弃了数据所有权。即便我们付费订阅，但聊天记录、网上相册、朋友圈并不为我们真正所有。一旦平台服务器关闭或公司业务调整，这些都可能不复存在。因此真正的元宇宙必然是去中心化的，也必然离不开区块链技术。

发展元宇宙是一个循序渐进的过程。当前的元宇宙产业尚处于亚健康状态，很多项目也多为中心化平台，用户仍然在一个封闭式生态中创建或参与虚拟体验。很多平台更注重的是好玩有趣，这必然会导致"沉迷"问题。当各类好玩有趣的刺激积累到同一个程度之时，如

若未找到其他建设方向，元宇宙产业的消耗性内卷便也随之产生。此外还会产生数权问题，毕竟现有的技术并不足以支持元宇宙的实现。

当然，我们也不必因此而过分悲观，随着区块链技术的发展、优质内容的增多及未来监管的完善，我们离真正的去中心化元宇宙的距离比大多数人想象的要近得多。

第三章

商业流通的底色

　　数字经济时代，商业流通早已不单单是互通有无的商品流通，更是资产的流通和价值的流通。而这一切都将基于区块链技术所引发的新金融模式变革，这些变革将在元宇宙中猛烈爆发。

永不消亡的确权

从三次工业革命中我们可以看到，科学技术的每一次重大突破都会带来生产力质的飞跃和人类社会的巨大进步。

18 世纪，蒸汽机的出现为工业革命创造了条件。19世纪，电力的广泛应用引发了电力革命，人类可以更大限度地开发地球蕴藏的能源。同时，现代化交通工具和便捷的通信手段的问世，解决了人类因为距离限制导致的社交问题。20 世纪，互联网的诞生更是打破了地域边界，极大程度上消除了人与人之间的信息不对称，彻底改变了人类信息的传递方式。到了 21 世纪，区块链技术的诞生成为下一轮时代变革的开端，区块链技术可以将信息互联网推向价值互联网，从而彻底改变整个人类社会的价值传递方式。

我们以游戏为例。

过去游戏中的物品被我们称为虚拟道具，但是如今在区块链游戏中它被称为数字资产，为什么呢？

这是因为传统游戏中的物品所有权归属游戏官方，游戏协议也由游戏官方单方面制订，玩家获得的仅仅是使用权，并不包括游戏账号以及账号内物品的所有权、处置权、转让权等核心权利。与此同时，游戏官方还会对玩家的使用权设置诸多的限制。这是传统游戏行业中游戏官方和玩家间的一种"固化"关系，带着一些"垄断"的色彩。

有一个广为人知的故事，以太坊创始人维塔利克·布特林（Vitalik Buterin）曾与暴雪官方正面对抗。2010年，暴雪在3.10补丁中将术士的法术"生命虹吸"从技能中移除，改为天赋，这让16岁的维塔利克愤怒不已，他曾在暴雪官方论坛提出抗议但都无果。他意识到了网络游戏中心化的弊端——游戏拥有者们可以不顾玩家意见，随意修改游戏内容。16岁的少年愤怒地删除了《魔兽世界》客户端，转身投入到去中心化的区块链世界中，

并在 19 岁时创立了以太坊项目。

区块链给游戏玩家带来了一道曙光：游戏物品被写入区块链，这确保了该物品归属于玩家而非官方，游戏物品随着数字货币和数字权益的流通具备了资产属性；此外，区块链通过技术和共识算法，在玩家、开发者之间建立了一套稳定的、透明的规则，游戏规则不再是由游戏官方一家说了算。

具体来说，使用了区块链技术的游戏，让游戏物品的归属权得以确定，我们就可以视其为数字资产。顾名思义，被冠以"资产"名号的东西，都是可以带来金钱效益的。而数字资产除了能带来金钱效益以外，还具有更深层次的价值——收藏和使用价值。用户可以像在现实生活中买卖物件一样，在游戏中转移游戏物品的归属权。如果这个游戏物品是稀缺的，那么它还具备了强有力的增值空间。

使用了区块链技术的游戏，基于区块链的去中心化的特性，对游戏中的物品数量、生产机制、交换机制，以及玩家成长机制都做了明确的约束，建立起让玩家真正放心的游戏规则。

人类在现实世界建造乌托邦的愿望总以失败告终，所以人类发明了游戏来对抗现实。区块链会让数字资产成为玩家和开发者共享的价值信念，让玩家真正成为游戏的主人，帮助其共建"乌托邦"。

人类已经步入数字经济时代，这不仅意味着产业数字化，还意味着资产及资产流通方式的数字化。在此背景下，新的资产形式——数字资产诞生了。

数字资产的概念最早可以追溯到互联网创世之初，但是数字资产的确权问题一直困扰了人们很多年。而随着区块链技术的不断发展和完善，数字资产确权开始变得容易：每一个节点都拥有只属于自己的私钥，如果这个节点拿自己的私钥给某个刚被生成的数字货币进行签名的话，那么这个数字货币就属于这个节点，其本质类似于我们在现实中获得了房子的房产证，即这个数字货币被确定了所有权；接下来这个私钥又会生成一串公钥，因为公钥太长，为了方便用户使用，公钥又生成了一个地址，这个地址就是用来存储这个数字货币的。在这个

过程中，每一个地址都具有唯一性，因此数字货币也就具有了唯一性并且不可被重复生成。由此，用户基本可以为任何数字资产确权：无论是社交账号、游戏物品、购买的歌曲，还是在问答网站上的回答，都可以真正变成资产，从而产生相应的价值。

区块链赋予了使我们的权益、创造、价值实现数字化、资产化的最佳路径和最佳流通土壤，并有着一套去中心化的规则体系和生态系统。一个确定的资产、一个稳定的规则体系无疑会让每一个参与者树立牢固的信心。

用 NFT 对标现实

2017 年底，一个团队在位于温哥华的初创铸造厂角落的小房间里，开发了以太坊代币标准 ERC-721。很快基于这个技术基础的名为加密猫的区块链游戏被病毒式传播，以太坊第一次出现大拥堵。这一事件让很多人了解到去中心化应用（DApp），也将 NFT 概念带火了。

那么，什么是 NFT？在解读这个概念前，我们得先知道另一个概念——Token。

Token 是服务端生成的一串字符串，最早被翻译成"令牌"，被作为客户端进行请求的一个标识。Token 由"矿工"按照一定的规则挖出，然后被转入其账户中，这样 Token 就从"幕后"走到了台前。Token 也被翻译成"代币"，但却不仅仅是一种代币，它可以代表任何有价值的东西，因此又被翻译成"通证"，

即数字权益凭证，具有权益、加密、流通三大属性。Token 的发现使得将现实或虚拟资产映射到区块链上具备了可行性。

Token 有着同质化和非同质化之别。比如比特币之间没有区别，可以用于交换，也可以被分割成非整数额度使用，就如我们现实的纸币一样。这样的虚拟货币便被称为 FT（Fungible Token），即同质化代币，指互相可以替代、可分割的 Token。相对地，NFT（Non-Fungible Token），即非同质化代币，指独一无二、不可分割的 Token。

NFT 的出现为我们的资产、物品注入"稀缺性"，极大地提高了其价值。NFT 包含了记录在智能合约中的识别信息，这些信息使每一个 NFT 各不相同，不能被另一种代币直接取代或以一换一，没有两个 NFT 资产是完全相同的。比如加密猫，每一只加密猫都被植入了类似基因密码的东西，都有独特的"猫性"。每个 NFT 在链上也都有信息记录，其从创建到交易的过程都可以被验证，这进一步强化了 NFT 独一无二且完整可塑的属性。这些特性和技术保证，使 NFT 成为更加适合对标现实世界的资产。

以游戏道具为例。基于区块链技术发行的游戏道具以 NFT 的形式存在，被 NFT 赋予价值，这些道具同时也就拥有了真实资产必备的属性——唯一性。由于每一个 NFT 都由元数据排列组合而成，如此一来，元数据会赋予每一个代币不同的特性，包括它们的大小、所有者名字以及稀缺度等。

如今，NFT 已经在艺术品市场爆发，各种 NFT 数字艺术品被卖出匪夷所思的高价，颠覆了人们传统的收藏习惯。

在国外市场，前沿艺术家 Beeple 将 5000 张日常画作拼接在一起创作了《每一天：最初的 5000 天》，这个作品的 NFT 被以超过 6900 万美元的天价卖出。NBA 与 CryptoKitties 的创造者 Dapper Labs 合作，通过 NBA Top Shot 发布 NBA 主题数字收藏卡 NFT，这一 NFT 在发售后的 24 小时里被超过 3.4 万人购买。

在国内市场，阿里巴巴和敦煌美术研究所合作推出

的两款 NFT 皮肤，一经销售便遭到网友的疯抢。随后阿里巴巴再次联合国产动漫《刺客伍六七》推出四款 NFT 付款码皮肤，并在中秋之际推出超写实数字人 AYAYI 定制月饼礼盒及定制 NFT 数字月饼，这款月饼也被称为"来自元宇宙的礼物"。网络游戏《永劫无间》授权发行了 NFT 盲盒产品。腾讯上线 NFT 交易软件，限量发售"有声《十三邀》数字艺术收藏品 NFT"。

受政策影响，国内的 NFT 和国外的 NFT 有着一定的差别，但它们的本质是一样的。NFT 将数字艺术作品和其他收藏品转化为独一无二的、可验证的资产，使其能够通过区块链轻松地被交易。就像淘宝对 NFT 的解释那样，NFT 是一种区块链技术，依托该技术发行的每一个数字商品都映射着特定区块链上的序列号，它们不可篡改、不可分割，也不能相互替代，这些特质使 NFT 数字商品成为数字艺术品的绝佳载体。每一个 NFT 数字商品都代表特定的数字艺术品或其限量发售的单个复制品，记录着其不可篡改的链上权力。

从加密猫到复杂的金融产品，再到艺术品、版权、音乐、游戏等，我们似乎可以说"万物皆可NFT"。这不只是狂想，还体现了元宇宙的发展核心，即通过资产通证化地连接虚拟世界和现实世界。

NFT-DeFi 模式

虽然 NFT 的出现令人兴奋，它极大地拓展了人们对于元宇宙资产的想象空间，但是 NFT 有一个致命的缺陷——流通性差。直到 DeFi 的出现。

DeFi（Decentralized Finance），直译就是"去中心化金融"，也有人称之为"分布式金融"或"开放式金融"。简单理解，DeFi 就是建立在区块链上的金融软件，并借此提供全新的金融服务。

那么，DeFi 和传统金融有什么区别？

我们知道，传统金融体系中有不同的角色，包括中央银行、商业银行、交易所、保险、基金等，在 DeFi 中也是如此，但是传统金融中复杂的流程和业务在 DeFi 领域中都被简化了。DeFi 中的规范是智能合约，DeFi 中信任的是算法和共识机制，并最大限度地将金融从人性中彻底剥离出来，就像区块链世界流行的一句话"不信任，请验证"。

以太坊是 DeFi 的发源地，目前很多 DeFi 项目几乎都是在以太坊区块链上运行的。以太坊在区块链上创建、存储和管理数字资产，将数字信任原则应用于智能合约（即满足某些预定义条件后自动执行业务逻辑的代码）以实现"自我托管"。

DeFi 建立的是一个更具弹性和透明度的金融体系，任何能连接到互联网的人都可以访问基于以太坊的智能合约并与之交互。许多智能合约被构建为开源的，并且可以与现有智能合约交互，用户可以通过验证智能合约的代码选择最适合他们的服务。以太坊已形成以太坊央行（MakerDAO）、自动化商行（Compound）、预测市场平台（Augur）、交易所（dYdX）等金融服务机构，业务范围包括借贷、投资管理、交易支付以及其他金融衍生品服务等。

在以上方面，我们可以说 DeFi 和传统金融如出一辙，不同的是 DeFi 建立于区块链世界中，也存在于区块

链的虚拟世界中。这一套成形的金融系统，赋予了 NFT 广阔的交易和流通环境。

假如我是一个游戏开发者，创建了 NFT 游戏道具或皮肤，我不需要创造一个交易市场，也不需要如中心化平台那般走入驻流程，只需要借助去中心化 NFT 交易所协议，立刻就能赋予 NFT 游戏道具或皮肤交易属性，从而进入二级市场。再比如，我拥有一个价值不菲的 NFT 数字艺术品，我可以将其抵押给去中心化银行来借贷数字货币。现实世界中的艺术品、房产、地产等也可以被通证化地表示为区块链上的 NFT，用于抵押。

另外，NFT 还可用于挖矿，"DeFi 流动性挖矿"曾是 2020 年最火热的名词之一。NFT 还能用在保险、债券或期权等更为复杂的金融产品中，如在 Yinsure 中，每个保险合同都用 NFT 表示，可以在 Rarible 等二级市场上交易。

TokenInsight 在其发布的《2019 年度 DeFi 行业研究报告》称：锁定在以太坊 DeFi 中的总价值在 2019 年

从 2.9 亿美元增至 6.8 亿美元，价值翻了一倍以上。据
DeFi Market Cap 数据显示，2020 年上半年 DeFi 类项
目总市值持续突破新高，截至 2020 年 7 月 13 日，DeFi
项目通证总市值已突破 80 亿美元。

但是 DeFi 想从成熟的传统金融领域分一杯羹，也是
长路漫漫。不管是红极一时的加密猫、NFT 艺术品还是
火爆的"DeFi 挖矿"，虽然利用了 NFT-DeFi 模式，在
一定程度上将加密领域与实物挂钩，但这仍然是一种投
机行为。可是，我们依然要看到去中心化金融的意义及
发展潜力。

其一，DeFi 具备变革金融的潜力，创建了一个多样
化的金融系统，为数字货币的支付、借贷、投资、保险、
证券化等搭建了一个畅通的生态系统，让资产和数据得
以更公平地流动。

其二，DeFi 成为传统金融的补充，DeFi 无须许可、
无须信任、无须审查就能够满足一些特定人群的需求，
其技术也可以被传统金融所用，提升传统金融的服务能
力和服务效率。

其三，DeFi 的世界和现实世界是平行存在的，DeFi 的金融服务不会影响到现实世界的信誉，不会因为数字货币资产的抵押而影响到现实的征信及贷款额度等问题。

我们相信，随着监管的完善，DeFi 未来一定会有更大的用武之地。随着 NFT-DeFi 模式的展开，未来的元宇宙除了可以提升虚拟现实体验外，也具备了搭建经济系统的基础。

IDO 的出圈价值

一个名叫 Emily Segal 的作家，为下一部小说筹集了约 5 万美元（25 ETH ⊖），出资人共同获得小说 NFT 70% 所有权的代币 NOVEL。如果 NFT 在二级市场以更高的价格被出售，持有代币 NOVEL 的投资人就有权按比例分享收益及其他好处。

这就引出了 IDO 的概念，它的出现为众筹打开了一扇全新的大门。

也许很多人此时会联想到曾经的 ICO（ICO 源自股票市场的 IPO(首次公开募股) 概念，是区块链项目首次发行代币，募集比特币、以太币等通用数字货币的行为），甚至回想起曾经经历过的 ICO 乱象（众多 ICO 项目

⊖ ETH（以太币）是以太坊的一种数字代币。

"靠着一本白皮书就坐收千万"，参与者血本无归)。

那么，IDO 是什么？和 ICO 有什么区别？

关于 IDO 的定义，人们众说纷纭：有人认为"D"是"DEX"（去中心化交易所），即 IDO 指首次 DEX 发行，是 IDO 项目首次在去中心化交易所上线（类似股票上市）；有人认为"D"是"DeFi"，即 IDO 指首次 DeFi 发行，是去中心化协议初始上线发行；有人认为"D"是"Digital Assets"（数字资产），即 IDO 指数字资产的首次发行，是项目资产数字化产生区块链数字资产。

其实，这些定义并没有对错、优劣之分，我们可以将其理解成一个对 IDO 的认知不断升级的过程。

2019 年，Raven Protocol 在币安 DEX 上进行 IDO，这也被认为是最早的 IDO 项目之一。不过当时由于 DEX 的性能问题和市场认知度不高等原因，IDO 没有流行起来。时隔一年，得益于 DeFi 基础设施不断优化及用户数量的大规模增加，大量 DeFi 协议项目在去中心化交易所进行首次代币公开发行，IDO 成为加密货币市场的高频词汇。此时既有 UMA、bZx 等知名项目，也有很多投机性项目。UMA 是合成资产协议，bZx 是专注于借贷和保证金交易的一组智能合约，它们都是以太坊区块链上的 DeFi 协议。基于协议，UMA 和 bZx 在去中心化交易所发行了各自的代币，并如股票一样有着相应的分配机制。2020 年 4 月，UMA 首次在 Uniswap 发行，在 1 亿的初始供应量中，约有 200 万个 UMA 被以 0.26 美元的成本售出，剩余的有 3500 万个被分配给了网络的开发者，4850 万个被留给了项目创始人，1450 万个被留在未来售出。透过现象看本质，DEX 只是发行途径，真正的价值在于代币，更确切地说是通证。人们在 DEX 上购买代币，买入的其实是代币背后的权益及权益带来的收益。举个很简单的例子，我们为什么要购买 UMA，看重的便是 UMA 所承载的"合成资产协议"的使用价值及未来潜在的升值空间，购买 UMA 便是购买"协议"的所有权。

IDO 虽然看起来有点像 ICO 的升级版，它们都有锁定代币的功能，但是二者的出发点不同：ICO 发行的主要目的是筹集用户资金进行项目建设；而 IDO 是以资产通证为交易核心，激发用户自发地利用自己的判断、技

能、认知获得项目方 Token 的模式，如 UMA 大部分都用于激励创始人和开发者。IDO 更像是发布悬赏任务，然后大家通过努力完成任务获得悬赏的过程。因此，我们可以将 IDO 广泛定义为以产品锚定、资产债券、众筹等方式筹集通用数字资产的行为。

不同的渠道、平台赋予了 IDO 不同的参与方式。这里我们将渠道粗略划分成如下几个：通过 DEX 平台发行，如前文提到的 UMA、bZx；通过 DAO 平台发行，如 Maker DAO；其他新渠道玩法，如 MASK 的 ITO，借助 Twitter 社交平台公布并发行。这些平台的玩法主要有 3 类：兑换、拍卖以及白名单。

兑换（SWAP）因 Uniswap 而兴起。Uniswap 并没有专门设置项目上线发行的特别模块，而是和其他代币交易一样，项目方为代币交易添加流动性之后，便可在 Uniswap 上参与交易，Uniswap 采用自动做市商（AMM）机制。兑换这一方式主要被综合性的 DEX 平台使用，它可以为项目方提供从通证发行到建立流动性等一系列服务。

　　市场上还有服务于 IDO 的拍卖型平台，专门为项目方提供多样的通证发行与拍卖策略服务。Bounce 是目前开放拍卖方式最多的平台之一，拍卖方式主要有：固定汇率拍卖（项目方为通证设置固定价格进行拍卖）、荷兰式拍卖（也称"降价拍卖"，通证在某个较高初始价格开始起拍，并在一定时间内稳步下降至某个较低价格，此时用户可以根据自己的预期选择合适的价格参与）、批量拍卖（同一批量的拍卖中，所有通证价格相同，这意味着单个批次中的所有参与者都将以相同的价格购买通证，相对公平地参与通证交易）。除了这 3 种主流的拍卖方式，Bounce 还提供 NFT 拍卖、密封式拍卖等特殊的拍卖方式。

　　白名单（WhiteList）是兑换和拍卖外的一个"任务机制"或者说前提条件，是 IDO 中最独特的一个存在。在 IDO 平台上，有的项目方会设置白名单机制，发布白名单任务，如搭建或加入项目社群，共同创建社群。用户通常需要完成项目方规定的一系列任务或报名抽签才能获得白名单资格，并享受开放的特权，如优先参

与 IDO、拥有更高限额的兑换或拍卖资格等权限，有的 IDO 平台甚至直接规定只有进入白名单的用户才能参与。

受 DeFi 发展的影响，2021 年以来 IDO 已经成为通证首次发行的主流选择之一。通过 DEX 连接到开放式平台，进行流通性做市，并启动流动性 Token 激励是一种高效的众筹方式。这种方式还可以很好地完成项目冷启动，更大程度地提高用户的参与度，这些都是 IDO 出圈的价值所在。

除了众筹，IDO 最核心的价值就在于重构了大规模协作行为，在激励和流通机制下，以通证激励的方式将协作行为进行大规模的、有具体数值的资产化，从本质上赋予了用户参与协作的基本动力。IDO 的去中心化特质与元宇宙天然契合，可无缝对接应用，它赋予了元宇宙更大的创造空间。

最后，我们也应该看到，IDO 目前存在众多投机风险，需要大家时刻保持警惕。但我们也相信，IDO 会更新迭代至更安全、更高效的模式，成为未来元宇宙的经济协作模式之一。

以太坊的要素生态

区块链、NFT、DeFi、IDO，一定程度上已经让我们窥得了未来元宇宙可能的"运行轨迹"。那么元宇宙未来的商业流通全貌会是什么样的？我们继续来看维塔利克的故事。

2011 年，维塔利克曾和人合伙创立在线比特币杂志，还为隐私钱包编写代码。但是他也明确表示：他不是比特币的信仰者，而是去中心化的信仰者。因此他所要构建的以太坊虽然灵感来源于比特币，但不是第二个比特币，应用场景也不仅局限于金融，而是一个专为开发者设计的平台，可以让开发者构建任意类型的去中心化应用。

于是，我们也从以比特币为代表的虚拟货币的区块链 1.0 时代，迈入了以以太坊为代表的去中心化应用的

区块链 2.0 时代，以太坊成为区块链的底层王者。

2021 年，元宇宙概念爆发。9 月的一天，维塔利克在推特中表示，"就我所知，人们用元宇宙来指代互联网＋超沉浸式虚拟现实，或者互联网＋共享状态（所以事物可以在平台之间移动）"。在后一种情况下，以太坊将成为元宇宙惊人的核心部分。同时维塔利克希望，以太坊在未来 5 ～ 10 年能运行元宇宙。

元宇宙不是简单地对现实世界的映射，而是与现实世界平行的一个数字时空，也有着一套与现实世界一样完备的运行生态。前文说了没有完整经济系统的元宇宙是伪元宇宙，除了经济系统，元宇宙还需具备治理和活动两个元素。以太坊发展至今，确实形成了这些要素生态，所以在很多人眼中，以太坊俨然就是一个"巨型元宇宙"。

第一个元素——经济系统

以太坊已形成了以以太币为结算货币的底层经济体，而在经济体上层则有 Maker DAO 这样的去中心化"央行"，还有基于以太坊 DeFi 协议的如 Compound 这样的商业银行，以及如 Uniswap、Sushiswap 这样的加密货币资产交易所。

于是我们看到了这样一番繁华景象：形形色色的人和企业在以太坊上挖掘数字资产，以太币也如曾经的比特币一样价格水涨船高，在 DeFi 的加持下成为最有价值的抵押资产之一；在 Maker DAO 这样的"央行"和 Compound 这样的"商业银行"中，数百亿至千亿美元的借贷额产生；Uniswap、Sushiswap 这样的交易所每天完成几百亿美元的交易流水。这一切共同创造了数千亿美元的虚拟经济体。

第二个元素——治理

治理本质是一种决策机制。传统机构多采用中心化自上而下的治理模式，如企业决策由董事会拍板，项目方向由负责人把控、调整等。但在互联网早期开源运动的背景下（原本为了反对互联网应用被资本和巨头商业垄断，却冲击了传统治理模式），诞生了自下而上的治理模式，比如比特币的开发并非中本聪一个人完成的，而

是有核心开发小组，比特币的开发模式也不是由某一个人决定的。不过此时自下而上的治理模式依旧只能覆盖"有效范围内的人"或核心成员，且缺乏激励机制，直到以太坊出现，DAO 自治组织被提出。

组织是对依靠社区自治和代码管理（"代码即法律"）达成共识的自发组建的群体，这使得管理模式从金字塔式走向分布式。也就是说，DAO 在由利益相关者共同确定的标准和协作模式下运行，每一个社区成员，不管是开发者还是参与者都有提案、投票、决策并获得激励的权利。与传统的组织治理模式相比，DAO 组织的共识和信任更容易达成，能极大程度地降低组织的沟通成本。现在除了以太坊，波卡、Solana、Maker 等项目也都采用了 DAO 组织形式。其中 Maker 更是将治理权力完全下放到用户手中。

区块链的核心理念是达成共识的人们共创、共建、共治、共享，DAO 是基于这一理念衍生出来的组织形态。元宇宙的构建很大程度上会延续区块链这一思想理念，DAO 必能为元宇宙的治理提供经典范式。

第三个元素——活动

以太坊出世后，我们可以在以太坊的区块链上通过简单程序实现各类数字资产的生产，并对以太坊上流通的区块链资产状态进行精确控制。同时，智能合约还可以应用于我们个人的日常生活和企业的经济活动中。

目前以太坊应用已形成了以下几大类型：游戏和收藏品（虚拟空间，创建、体验和货币化内容及应用）、市场（去中心化虚拟市场或社区）、供应链（追踪、溯源）、开发工具（开源平台）、基础设施（以太坊节点）、ID（身份验证、风险评估、信用评级）、治理（解决组织自治问题）、企业以太坊（平台服务）、预言机（一种抽象电脑，用来研究决定型问题）、DeFi、IDO 等。这些活动也会是元宇宙的主要内容。

窥一斑而知全豹，以太坊的要素生态让我们看到了元宇宙世界的核心要素，一定程度上也为我们展现了元宇宙"全貌"，奠定了我们在未来数字世界谋生的基础。

第四章

商业技术的破壁

处在元宇宙发展前夕，元宇宙时代的互联网具体是什么样子的，将会如何改变我们的生产和生活，我们看得并不十分真切。但是元宇宙的完善需要很多技术作为底层支撑，而技术的大致发展路线是可追寻、可预测的，对技术的了解会是我们研究元宇宙的重要基石。我们对元宇宙的一切商业体验和商业想象也都建立在技术基础之上。

"自循环"和"大蚂蚁"

元宇宙的爆发始于"科幻照进现实"，不管是 Roblox 3D UGC 生态、《堡垒之夜》举办的线上演唱会，还是《动物之森》带来的虚拟社交……它们都是技术迭代衍生出来的沉浸感、互动感不断增强的"新内容"，元宇宙也是一个承载着许多技术理想乃至人类理想，并能使理想变为现实的"新世界"。

正如互联网经济架构在信息技术基础之上，元宇宙的崛起也离不开庞大的技术体系支撑。当今人类技术发展已形成"自循环"：市场需求反哺硬科技，硬科技推动软件或应用更新迭代，应用迭代又引发新的市场需求。

从技术诞生到应用推广的循环发展角度来看，元宇宙技术可分为 6 层架构，见表 4-1。

表 4-1　元宇宙技术架构

技术架构	技术工具 / 应用场景	在元宇宙中的地位
硬科技	计算机视觉、机器学习、自然语言处理、智能交互、传感技术、云计算、数据传递交互、5G、物联网、AI、区块链	元宇宙技术更新迭代核心动力
软件开发	底层工具、物理引擎、3D建模、实时渲染、AI、数字孪生、虚拟人	元宇宙建设工具
承载硬件	VR、AR、MR、传感器、全息影像、智能手机、PC、半导体、CPU/GPU	技术承载主体，元宇宙"入口"
运行系统	Windows、iOS、安卓、华为鸿蒙	元宇宙着生的"温床"
技术应用	社交、游戏、娱乐、购物、数字工厂、工业互联网	最终形成元宇宙经济系统，构建元宇宙商业原貌
经济系统	分析决策、场景触达、数字服务、生态构建	服务虚拟和现实世界，刺激新一轮技术更新迭代，推动元宇宙日臻完善

从表4-1中我们可以清晰地看到元宇宙技术乃至元宇宙世界的发展路径。

人类通过各种智能设备进入元宇宙这个虚拟世界，运用技术工具将现实世界事物数字化后"复制"到元宇宙，继而通过数字分身在元宇宙中自由生活、自由创造，同时元宇宙中的行为轨迹反过来又会影响我们的现实世界。也就是说，元宇宙将呈现给我们的是百分之百的渗透，始终显现且实时渲染互联网世界，并将现实和虚拟连在一起。

有人从元宇宙实现场景出发，提炼出元宇宙6大技术支柱（见表4-2）：区块链技术（Blockchain）、交互技术（Interactivity）、电子游戏技术（Game）、人工智能技术（AI）、网络及运算技术（Network）、物联网技术（IoT）。这6大技术支柱的英文首（尾）字母可以组合成"BIG ANT"，趣称为"大蚂蚁"。

其实不管是"自循环"架构还是"大蚂蚁"架构，元宇宙几乎囊括了全部人类现代技术。目前人们对元宇宙还处于早期探索阶段，但是随着技术的不断成熟，进入并设计元宇宙已经指日可待。

表 4-2　元宇宙的技术支柱

技术支柱	技术/原理层	应用/架构层	在元宇宙中的地位
区块链技术 (Blockchain)	哈希算法、数据传播及验证机制、共识机制、分布式存储、分布式账本	NFT、DeFi、去中心化交易所、DAO组织、智能合约	区块链技术是支撑元宇宙经济系统最重要的技术
交互技术 (Interactivity)	VR、AR、MR、全息影像技术、脑机交互技术、传感技术	沉浸式虚拟现实体验、感知深化	当前元宇宙沉浸感的最大瓶颈所在
电子游戏技术 (Game)	游戏引擎、3D建模、实时渲染	提供创作平台、交互内容和社交场景	元宇宙的呈现方式，虚拟化、数字化关键性工具
人工智能技术 (AI)	计算机视觉、机器学习、自然语言处理、智能语音	AI识别、AI分析、AI推荐、AI运行、AI建设	为元宇宙大量应用场景提供技术支撑
网络及运算技术 (Network)	5G/6G、云计算、边缘计算	算力、算法、综合智能网络技术	夯实元宇宙底层和网络层基础
物联网技术 (IoT)	感知、连接	数据采集与处理	为元宇宙万物互联以及虚实共生提供鲜活数据

不可或缺的底层架构

区块链对元宇宙的重要性早已不言而喻，它的分布式存储技术、点对点传输技术、加密算法、共识机制等构成了元宇宙不同于传统互联网的应用模式。另外，要支撑庞大的元宇宙运行需要非常强大的计算能力和存储能力。基于此，被认为是构建元宇宙底层协议之一的IPFS走入大家的视野。

什么是 IPFS？ IPFS 是结合了点对点（Peer-to-Peer，P2P）传输、分布式哈希表（Distributed Hash Table，DHT）、BitTorrent 传输技术等的互联网底层协议，主打分布式存储，被认为最有可能取代已统治互联网 30 多年的超文本传输协议（Hyper Text Transfer Protocol，HTTP）。

HTTP 的运行方式是将文件数据保存在中心化服务

器，通过输入网址来调取匹配的中心化数据库内容，达到信息内容访问的目的。IPFS 则直接把上传好的文件转换成专门的数据格式进行存储，运用哈希算法确定唯一的地址（ID）。所以，无论任何设备、任何地点，相同的文件都会指向相同的地址。

简单来说，HTTP 依赖中心化服务器，存储成本高，有网络延迟，访问量暴增时服务器容易宕机，且易受攻击。IPFS 不依赖中心化服务器，存储空间大，存储成本低，下载速度快，数据较安全且理论上能够被永久存储。

IPFS 没有使用任何区块链技术，所以虽然与区块链同为分布式存储技术，但本身和区块链没有什么关系。二者的区别在于：区块链是一种记录交易数据并在区块中维护历史数据的技术，并不适合存储大量数据，IPFS 则将大量数据存储在不同的节点上，作为底层协议可以被区块链应用程序使用。

IPFS 虽然有挖矿的说法，但是作为基础协议实际上并没有发币职能。IPFS 挖矿指的是 IPFS 的一个应用——Filecoin。Filecoin 是 IPFS 分布式存储协议的

激励层，具有内置的经济激励机制，是一个创新的区块链项目。Filecoin 为了激励各个节点存储和检索数据，保障 IPFS 网络的持久可用，巧妙地将算力形成过程的数据通证化为 Filecoin 奖励给 IPFS 用户。

在传统存储协议内存不足、云存储巨头垄断的背景下，IPFS 所具备的高安全性、低成本和高效率的技术优势逐渐凸显出来。IPFS 头部厂商火雷神算认为，IPFS 分布式存储在 Web 3.0 的技术变革中扮演着重要的角色，可以作为元宇宙和 NFT 的底层基础设施，可以为元宇宙的实现做出贡献。

在技术层面，IPFS 能够很好地胜任元宇宙所需要的信息存储分发角色。IPFS 的去中心化分布式存储能够构建起足以支持元宇宙所需的海量元素存储和共享的"基础通道"，利用分布式存储技术保证数据的可持续性。就像 HTTP 对于目前的互联网一样，IPFS 会成为元宇宙的一项底层协议。

在制度层面，IPFS 的 Filecoin 激励，证明了 IPFS 能够利用区块链特性或结合区块链项目实现元宇宙去中心化的经济结算以及记录、验证等相关功能，甚至可以直接利用 Filecoin 完备的机制，以智能合约的方式让各个节点形成共识，共同完成元宇宙海量数据元素的运行和变量跟踪验证功能。

在数字资产层面，NFT 会是元宇宙重要的资产形式，但 NFT 最大的瓶颈在于存储。IPFS 所具备的可永久非篡改式存储大体量、多形式数据内容的功能，完美解决了 NFT 的存储之痛。

目前，国外的谷歌、微软等，国内的华为、阿里巴巴、京东、中科院等都在进行 IPFS 方面的研究。NFT 数据资产的不断增加，必然会推动数字经济与实体经济的紧密融合，IPFS 分布式存储也将被广泛应用，大规模的商业落地指日可待。

虚实时空的入口

我们使用交互技术（VR、AR、MR）进入到真实的元宇宙内，扩展现实（XR）成为元宇宙连接真实世界的入口，元宇宙是通过 XR 呈现的内容世界。XR 和元宇宙相辅相成，是虚实共存生态链最重要的两端。

具体来说，XR 既依托现实又超越现实，承载着更多的想象力和创造力，可以展现现实中无法搭建的场景。在元宇宙生态中，一方面，XR 会带来更多的技术积累和突破，另一方面，虚拟世界和现实世界高度融合，能够进一步改善游戏、影视等行业的运转效率、运转模式及交互方式。

我们简单回顾一下 XR 的发展过程。

20 世纪 50 年代是 VR 技术的诞生期。美国摄影师 Morton Heilig 发明了第一台 VR 设备：Sensorama。这台设备被认为是 VR 设备的鼻祖。

20 世纪 90 年代，任天堂等游戏商布局 VR 领域，VR 迎来第一波热潮，但是因为显示技术、3D 渲染技术、动作检测技术的不成熟，一大批 VR "早产儿"逐渐销声匿迹。

2015 年，VR 设备逐渐渗入各个垂直行业。2016 年，VR 行业步入真正意义上的爆发期，大量公司进入 VR 行业，手机大厂 HTC 甚至不惜放弃手机业务全身投入。不过彼时的 VR 头显存在眩晕、屏幕分辨率低的一些缺点，加之没有丰富的内容生态支撑，被很多人认为不过是一场泡沫，大批公司因无法快速变现逐渐退出 VR 行业。此后，VR 行业虽然一直在进步，但一直没有出现如 2016 年那般的高光时刻。

2020 年新冠肺炎疫情暴发，VR 企业抓住了人们无法外出的机会，大力发展 VR 虚拟会议、VR 教育等产业，VR 行业稍有回暖。Oculus 在此时发布的 VR 一体机 Quest 2，在很大程度上得到了市场认可。2021 年元宇宙概念走热，VR 行业借东风再次起飞。

2021 年 8 月，VR 行业发生了一件出人意料的大事，字节跳动确认重金收购国内虚拟现实厂商 Pico，这是自字节跳动 40 亿美元买下沐瞳游戏后最大的一笔收购。此后，国内厂商纷纷发布 VR 头显产品，HTC、NOLO、爱奇艺在发布硬件的同时，不断丰富自家生态内容。

IDC 研究报告显示，VR 或 AR 头显、可穿戴设备和智能家居技术已过了早期采用阶段，成为"大众市场"的中坚组成部分，预计到 2025 年市场规模达到 5249 亿美元。

元宇宙概念的爆发加快了 XR 行业的融资速度。2021 年 9 月，高通创投发起成立 XR 产业投资联盟，旨在加速 XR 领域的创新、规模化及成熟。在强大资金的加持下，XR 行业会加速前进。

除了资金支持，XR 的发展更需要技术的支撑。虽然 6DoF 和 4K 技术的普及极大提升了用户的视觉体验和交互体验，芯片的迭代加速产品性能跃迁，但是交互技术仍是当前制约元宇宙沉浸感最大的瓶颈所在。比如 Oculus 的 Quest 2 只支持到双目 4K，刷新率已从

90Hz 提高到 120Hz，但人眼的分辨率是 16K，如果想要体验顺畅平滑，设备的刷新率需要达到 120Hz 以上，那么 1 秒钟的数据量就会高达 15GB。因此 XR 行业还有很大的技术前进空间，其进一步发展离不开显示技术、5G 技术的支持。

目前 XR 行业商业化的方向主要是 C 端硬件和游戏，B 端市场则更加丰富，比如行业解决方案、供应链、内容建设等。元宇宙将来会以 C 端用户为主，XR 会是大量用户进入元宇宙的入口，这将会推动 XR 穿戴设备销量的增长。可以预见，随着 XR 市场的发展，元宇宙产业将加速发展，未来将展现出一个新兴的产业生态。对 XR 和元宇宙的布局，不仅具有战略性意义，也具有紧迫性。

虚幻引擎引爆愿景

为什么说游戏是更贴近元宇宙的产品？因为游戏展现出来的世界能做到更像现实世界，因此在元宇宙"大蚂蚁"中有着电子游戏技术的一席之地。游戏引擎是元宇宙电子游戏技术的典型代表，打造整个元宇宙底层架构需要非常强大的游戏引擎。

游戏引擎是一些已编写好的可编辑的电脑游戏系统或者一些交互式实时图像应用程序的核心组件。这些系统为游戏设计者提供编写游戏所需的各种工具，让游戏设计者能快速地做出游戏程式而不用从零开始。

简单理解，游戏引擎就是供游戏设计者创造游戏内容的一个工具。它好比游戏框架，框架搭好后，关卡设计师、建模师、动画师等技术人员往里面填充内容就可以了。同时，游戏引擎经过不断进化，如今已经发展成为一套由多个子系统共同构成的复杂系统，包括光影效果、动画、渲染、音效、脚本、物理系统、编辑工具等，几乎涵盖了开发过程中所有重要环节。

将游戏引擎运用于元宇宙，则意味着元宇宙建设也有了一个框架，内容建设可以更加便捷。

虚幻引擎是 Epic Games（当今全球游戏市场领先的独角兽公司之一）开发的一款游戏开发引擎。虚幻引擎拥有完整的构建游戏、模拟和可视化的集成工具，是全球开放的、先进的实时 3D 创作平台，包含物理系统、动画系统、游戏框架、人工智能、UnrealEd 内容创建工具等，为游戏开发者提供了大量核心技术支持。

Epic Games 借由虚幻引擎制作出了众多备受赞誉的内容，如之前比较火的"吃鸡"游戏和现在火爆的《堡垒之夜》，并由此开发了强大的工具和高效的制作流程，如虚幻 4。

虚幻 4 是完整的产品套件，从制作到发行全流程覆盖，无须额外的插件或进行额外的购买，现在面世的游戏作品大多选择了虚幻 4。虚幻 4 最令人惊叹的是一款基

于云服务且技术开源的应用——MetaHuman Creator,它能够帮助任何人在几分钟内创建逼真的数字人类。也就是说基于虚幻4,任何人都可以编写一个数字人。

虚幻引擎另一个重要应用是人机界面。人机界面是用户和计算机交互的一种方式,有了虚幻引擎就可以将这些界面转变为三维体验。

通过在3D写实渲染、场景、开发工具等方面的积累,虚幻引擎在写实画面效果、自动化生成、开发者工具等方面持续进化,易用性和实用性持续增强。随着数字化的发展和多行业对3D可视化需求的增加,虚幻引擎作为创造3D数字内容和实时手段的工具,开始在影视、汽车、建筑等非游戏领域得到应用。

Epic Games在《堡垒之夜》上线了创新(Creative)模式,即可自行创建地图并邀请其他人参与游戏的模式。同时虚幻引擎代码开源,极大地契合了元宇宙的开放性。Epic Games旗下已形成了"技术—内容—平台"的产品矩阵(技术即虚幻引擎,内容即《堡垒之夜》,平台即Epic Games Store发行平台)。在2021年4月新一轮融资后，Epic Games 估值为 287 亿美元。

除了虚幻引擎，目前市场上还有 Unity、寒霜引擎、起源引擎、无尽引擎、尖叫引擎、Cocos2d-x 等，游戏行业在虚拟世界构建、自动化生产、用户自主创造等各方面的积极探索，让我们向元宇宙跨出了极具意义的一步。

AI 的融合时刻

区块链和 IPFS 为元宇宙的发展打下了底层基础，XR 行业技术的进步为元宇宙打下了连接基础，游戏引擎的开发利用为元宇宙打下了内容创建基础。但是纵观区块链、VR、游戏等行业，它们更像一个个割裂的子宇宙，而真正的元宇宙一定具备一体化的沟通环境。要想各个子宇宙聚合成一个真正意义上的元宇宙，必然离不开 AI 的"融合"。

想要理解 AI 对元宇宙的意义所在，我们得先了解 AI 的三要素——数据、算法和算力，数据是 AI 发展的基石，算法是 AI 的引擎和动力，算力是 AI 的生产力。

第一个要素——数据

AI 和数据的关系可以通过机器学习来描述。AI 的实质是对人类智能的模拟，而学习的"媒介"就是数据。只有机器经过大量的训练，神经网络才能总结出规律，应用到新的样本上。如果现实中出现了训练中从未有过的场景，机器神经网络便会出现盲猜状态。比如，想让AI识别衣服，但是在训练时，"衣服"这个词总和裤子一起出现，机器神经网络很可能学到的是裤子的特征。之后遇到的场景如果只有裤子，AI便很可能会把裤子分类为衣服。数据对于AI的重要性可见一斑。

第二个要素——算法

算法是为了解决特定问题而对一定数据进行分析、计算和求解的操作程序。算法存在的前提就是数据，本质是对数据的获取和处理。

在AI中，算法几乎是"灵魂"。建立在大数据和机器深度学习基础上的算法，具备越来越强的自主学习与决策功能，也让AI深度学习成了主流。

机器学习的传统方法是通过对人类特征的数据化获取和提炼，形成可训练机器的特别数据。但是深度学习

并不遵循这样的过程，而是由机器直接从事物原始特征出发，自动学习并生成高级认知，比如仿照人脑神经网络特性的神经网络，就是让机器通过自发学习形成对物理世界的认知。

第三个要素——算力

算力就是计算能力，更确切地说是数据处理能力。小到手机、笔记本，大到超级计算机，算力存在于各种智能硬件设备中。没有算力，各种软硬件就无法正常使用。AI 也是如此，除了学习需要算力，完成每一次人脸识别和语音转化都需要硬件芯片的算力支持。

AI 的这三个要素不仅和其发展息息相关，更与元宇宙的未来有着紧密联系。

如果说现实物理世界是由钢筋和混凝土构建起来的，元宇宙就是由数据构建起来的。元宇宙在一定程度上就是人的智慧操控数据搭建的一个虚拟世界。在元宇宙中，我们会围绕数据的挖掘、分析、加工不断释放数据生产力。越来越强的自主学习与决策功能的算法，能够助力虚拟对象和交互方式向智能化方向发展。逐渐增强的算力会支撑元宇宙虚拟内容的创造过程和体验效果。在数字经济时代，算法和数据的结合已经成为市场竞争的决定性因素。比如企业通过算法调整和引导消费者行为，或预测消费者行为和消费能力，从而决定自身的广告策略。数据正在成为推动传统生产要素及商业模式变革的关键因素。

由于具备以上三大要素，AI 可以解决构建元宇宙最大的挑战之一——高质量内容创建问题，让元宇宙中的创作更加智能。在 AI 的帮助下，每个人都可以成为创作者。我们可以通过将指令转化成生产结果，完成众所周知的绘图、编码等专业、烦琐的工作。

最后，不管是大数据、AI，还是元宇宙的发展都需要一个重要基础——物联网。物联网为大数据提供了来源渠道，同时也为 AI 产品的落地提供了场景支撑。在元宇宙中，物联网为元宇宙感知物理世界万物的信息和数据来源及数据传输提供技术支撑，同时促进元宇宙中万物互连并进行有序管理，成为元宇宙中万物虚实共生的

重要技术基础。

互联网的发展聚合了众多数据，大数据领域随之兴起。为解决数据问题，云技术随之诞生。物联网和AI的出现印证了对于庞大数据集的训练能够产生简单的"智慧"。最后，随着大数据、AI、物联网以及其他数字技术齐聚元宇宙，人类也将迎来新的生存模式及新的商业模式。

第五章

商业模式的升级

新的生产消费场景、新的创造和社交模式、新的激励方式、新的资产形式及新的交易方式，元宇宙经济系统正在成形，商业升维步入进行时……

游戏的宇宙秘密

元宇宙天然具有游戏和社交属性。游戏是元宇宙的极佳呈现方式，成为元宇宙的早期形态。

2001 年，一款多人在线角色扮演游戏《热血传奇》上线，意味着元宇宙产品的雏形初现。在《热血传奇》游戏中，用户可以扮演战士、魔法师、术士三种角色，通过在线狩猎、采集等玩法来获取道具，并可利用道具进行贸易获取收益。《热血传奇》的初衷并不是成为元宇宙产品，却很神奇地通过用户社群在虚拟世界中的自我进化演变出了元宇宙的雏形。

2003 年，中国互联网巨头之一的网易以中国四大名著之一《西游记》为背景打造了 Q 版回合制游戏《梦幻西游》。如果说《热血传奇》只是具有元宇宙产品的雏形，那么《梦幻西游》无疑将雏形发展到更高的维度。

第一,《梦幻西游》的背景虚实相间, 虚的是妖魔鬼怪的神话故事, 实的是盛唐时代的社会背景。

第二,《梦幻西游》里有十几种职业, 可以让用户在游戏中找到更适合自己的虚拟身份。根据自己的虚拟身份, 用户可以在游戏中更好地协作, 从而获得游戏道具。

第三,《梦幻西游》中的社交模式非常丰富, 可以不断提升用户体验。游戏最基本的玩法就是组队, 用户之间可以结拜兄弟、结婚生子, 更加贴近现实世界。也有很多《梦幻西游》的玩家在现实社会中成为朋友, 甚至结为夫妻。

第四,《梦幻西游》具备元宇宙产品低延迟和随时随地可用的特性。网易通过程序上的优化, 再结合国内强大的互联网传输体系, 已经可以使玩家随时随地在 PC 端或者移动端进行操作。

最后,《梦幻西游》具备强大的经济系统。《梦幻西游》的成功绝对不是偶然, 因为这个产品制作非常精良, 各种数值和剧情的设置很平衡, 增加了产品的耐久性,

相当庞大的用户群在产品内进化出了一个完全由用户打造的市场经济系统。你一定想象不到,《梦幻西游》的一件道具在 2021 年还可以卖出上万元人民币的价格。而这仅仅是一件道具的价格,游戏中想要装备达到顶尖水平,需要六至八件同类型的极品道具。

讲到这里,一定会有人产生疑问,从 2003 年到现在,《梦幻西游》内部的经济泡沫是如何消除的?其实,这得益于《梦幻西游》游戏内强大的道具销毁机制。

游戏中,用户需要收集各种游戏道具合成极品装备,成功概率不足千分之一,合成之后还需要对道具进行强化,成功概率也不足千分之一,这导致很多半成品道具和成品道具在这个过程中就被销毁了。而游戏道具打造成功之后,还涉及修理,修理失败达到一定次数,这件装备就会失去使用价值。销毁机制使顶级的游戏用户无止境地在游戏中探寻极品的道具,从而使游戏内的经济系统可以一直健康有效地存在。

还有一个无法绕过的游戏是暴雪娱乐制作的《魔兽世界》(*World of Warcraft*),它以探索成长为主题的游戏玩法在世界上得到推崇。2007 年，《魔兽世界》在全球的付费用户已超过 1000 万人；到了 2008 年，其在大型多人在线角色扮演游戏（MMORPG）中的市场占有率达 62%。

《魔兽世界》的成功离不开其强大的经济系统。在《魔兽世界》里，每个用户扮演的角色不仅是消费者，同时还是生产者。这里所说的生产既包括通过剧情任务收集掉落的道具，也包括通过学习专业生产技能（这些专业技能有十几种，主要分为制造系专业技能和采集系专业技能两大部分）产出道具。由于生产的限制，其他用户想要获取心仪的道具只能通过用户之间的直接交易或者拍卖交易。《魔兽世界》中绝大部分用户之间的交易都是在拍卖行进行的，这也成为《魔兽世界》的主要交易场所。

商业社会该有的东西，在艾泽拉斯（《魔兽世界》里对故事发生世界的称呼）也同样不可或缺。有的用户喜欢采集材料，他们忙忙碌碌跑地图收集各种材料；有的用户喜欢自己制作各种道具，他们会从别的用户手中购

买各种需要的材料，这种最基本的供需交易行为自然就形成了最简单的商业社会。当道具需求量随着用户的增多而变大的时候，价格就会远远大于成本，生产变得有"利"可图。当然，除了采集者与生产者之外，商人的角色在任何商业社会中都是必不可少的。这些用户头脑灵活，善于收集分析各种信息来判断道具价格的波动，或是囤积居奇，或是炒热价格，总之会以很低的价格买进，然后再高价卖出，专门经营抢手的道具。有人的地方就有江湖，其实可以换一句话说，有人的地方就有商业，即便是在虚拟世界。

本来这些也并没有什么可说的，毕竟都是些游戏数据而已。但是虚拟货币却不永远只是一连串0和1的简单数字排列，有一天它可能变成真正的通货。在游戏中，大部分用户愿意拿出一部分现实货币从其他用户手中购买虚拟货币，然后再从另一些用户手中购买他们梦寐以求的道具，游戏内的虚拟货币也就自然成了买卖关系的桥梁。

以上三款都是现在正在运营的且非常成功的游戏作

品，它们虽然不是元宇宙产品，但是在本质上又都与元宇宙产品极为相似。这些游戏不仅可以完整呈现构成现实世界的大部分要素，比如声音、画面、个体、社群等，还可以将虚拟世界与现实世界充分融合，并且提供具备互动性的载体。

游戏是应互联网而生的行业，它加快了人们接触整个互联网的进程，也影响着一些应用的设计和推广。虽然游戏只是互联网下的一个领域，但它是承载信息最丰富的领域，也为我们带来众多商业启示。游戏的限量皮肤和装备告诉我们，受追捧事物的稀缺性对于推动竞争和创造具有重要作用；游戏的世界是超越地理限制的新兴文化世界，向我们展示了一种面向未来娱乐、社交甚至工作的数字化空间；游戏的组织和社交，特别是区块链游戏的分布式组织结构和治理决策模式，让我们看到了一个更为平等、民主、高效的组织形式。游戏里有新的生产消费场景、新的创造和社交模式、新的资产形式、新的激励方式及新的交易方式，随着新技术的出现，游戏将日益迭代，商业升维也正在开启。

"数字孪生"场景

有媒体报道，2021 年 4 月，英伟达 GTC 大会视频演讲中的英伟达 CEO 黄仁勋并非真人，而是合成的"数字替身"。消息发布后，"黄仁勋骗过全世界"的话题引发网络热议。随后英伟达立即辟谣：主题演讲一共 1 小时 48 分，虚拟人在 1 小时 02 分 41 秒至 1 小时 02 分 55 秒，共计出现了 14 秒，其他部分全部为真人。但即便如此，如此逼真的"AI 黄仁勋"还是令人震撼，也让人们看到了作为元宇宙基础之一的数字孪生技术已经在高速发展。

其实，数字孪生技术已经走过了几十年的发展历程，它是在虚拟空间中完成映射，从而反映相对应的实体装备的全生命周期过程，有着丰富的内涵和应用场景。

在工业领域，人们用软件来模仿人的行为。比如计算机绘图是最早模仿人类绘画行为的软件。随着人机交互技术的发展，人们已经开发出具有一定智能水平的工业软件，更多的模仿行为开始出现：CDA软件模仿产品结构和外观，CAT软件模仿产品的测量和测试过程，SCM软件模仿企业的供应链管理过程等。汽车、飞机的"数字样机"也是数字孪生的一种先行实践活动，它通过软件系统得到一个可视化的数字产品模型，以此来代替物理样机进行功能调试。

在文学和娱乐领域，电子书模仿纸质书，电子音乐模仿现场音乐，游戏软件模仿各种真实游戏等。特别是游戏，人们不仅可以模仿已知的、有经验的各种事物，如上古奇兽、远古大陆，还可以创造性地模仿各种未知的、从未体验过的事物，如架构新世界、设计新物种，更可以创造自身的数字形象——游戏角色。当这种模仿与XR技术结合在一起的时候，所有的场景都栩栩如生，在由技术构成的虚拟世界中，所有的不可能都变成可能，所有在物理世界无法体验到的奇妙、惊险和刺激的场景，在虚拟空间都可以实现，从而最大限度地满足我们的感

官体验和精神需求。

在元宇宙中，办公会议、发布会、演唱会、毕业典礼等许多真实的场景被搬到虚拟世界中，一场盛大的虚实映射就此展开。同时"数字替身"让我们触达虚拟世界，这个世界也将会出现由数字替身组成的虚拟族群，人们将以新的方式展现自我兴趣和自我感受，全新的生产和消费场景也将诞生。

最典型的案例莫过于目前世界最大的啤酒酿造企业百威英博。百威英博使用数字孪生、MR 和 AI 技术，建立了与现实工厂孪生的数字工厂，生产、销售、能源、安全和供应链信息时刻在现实工厂和数字工厂之间流转。工厂的员工也可以通过穿戴设备，在数字工厂中检查和操作各种机器，并做出决策。未来我们会看到一个真实的人，通过自己的数字替身在数字工厂穿梭，完成真实工厂操作的场景。

也许你会觉得这样的场景离你很遥远。确实，现阶段的元宇宙仍然处于 Web 2.0 时代，我们的数字替身存在于一个封闭的生态中。比如一个 Roblox 的玩家只能在 Roblox 的虚拟世界中购买数字道具，但是不能把这个数字道具用在其他虚拟世界中。同样这个玩家也不能从 Roblox 无缝进入其他虚拟世界。与此同时，很多封闭的虚拟世界开始采用 Web 3.0 的一些特性来升级平台，辅之以区块链、5G、数字孪生等技术，这不仅意味着我们生成的内容和环境互相连通，还意味着我们将能够在不同的世界之间进行交互。

Genies 公司致力于开发虚拟化身作为用户在 Web 2.0 和 Web 3.0 的视觉展示，该虚拟化身可以被集成到大多数第三方平台，从而允许我们的虚拟化身在不同平台上运行。我们可以看到，为现实中的人提供数字替身、虚拟形象的平台会成为元宇宙入口端的一个基础设施，已然成了元宇宙的一个细分赛道。

另外，物联网技术也在加快着元宇宙数字孪生场景的构建，今天我们的物理模拟逐渐被全数字模拟取代。在数字孪生的模型构建中，精准地把握目标的数据是核心任务。在"万物互联"的物联网技术下，我们能够精确地收集构建数字孪生所需要的数据。如微软，目前已经对"商用元宇宙"应用做了详尽的技术分层，其中最底层技术就包括了物联网和数字孪生技术。当数字孪生体被"喂养"了足够多的现实数据，不仅可以更好地模拟、构建过去和未来，还可以打破现实和虚拟的场景界限。所以，我们离真正去中心化的开放元宇宙的距离比大多数人想象的要近得多。

内容创造的迭代

在 Web 2.0 时代，我们会注册账号，以输入文字或上传图片、音频、视频的形式，在互联网上完成各种内容创建。在元宇宙，人人都是数字世界的建造师，我们以数字替身的身份存在，也以数字替身的身份进行创作。与传统的互联网内容创造不同，元宇宙的内容创造突破了我们现实的身份，甚至可以构建我们自身的"小宇宙"——元宇宙正在掀起内容创造和社交迭代的浪潮，促进平台经济不断进化。

以 Roblox 为例。对于 Roblox，很多人的认知还停留在游戏层面。其实，Roblox 是一个集游戏创作和大型社区互动为一体的平台。Roblox 并未开展制作游戏的业务，而是提供工具和平台供用户创作沉浸式的 3D 游戏，从而释放用户的想象力。

Roblox 的"前身"是一家由 Baszucki 在 1989 年创立的教育科技公司，该公司基于模拟程序的二维实验室（比如用虚拟滑轮、斜坡、杠杆进行物理实验）为老师提供一种更为便捷直观的教学模式。随着软件的运用，Roblox 创始人 Baszucki 发现孩子们除了能够模拟教科书中的实验，还会用程序建造更有意思的东西，这让他意识到"玩家自己的创造力比物理书中的内容更具吸引力"。Baszucki 决定改变赛道，经过一番新的运作，Roblox 在 2004 年诞生了。

Roblox 是一个由 Robots(机器人) 和 Blocks(方块) 合并而来的复合词。Baszucki 创建 Roblox 的初衷也并非开发一款游戏，而是聚集一类"新"的人一起做事。Roblox 提供了一套适用性非常广泛的创作游戏的工具集，让用户可以更加轻松地创建游戏和模拟应用程序。

当然 Roblox 的创立也并非一帆风顺。早期 Roblox 功能很少，画面质量也不尽如人意，也没有明确的商业运作模式，其发展主要靠创造者们的分享和讨论。在这个过程中，Roblox 也尝试了各种商业模式，最终选择引入类似 Q 币的虚拟货币"Robux"，用户可以通过会员购买和商店消费获得专属的功能或道具。

有了这样的商业模式雏形，2009 年 Roblox 获得了第一笔融资。随后，Roblox 游戏编辑器不断升级，不仅新增了很多创意功能，更是大幅度提升了用户的创造体验，做到了儿童也能零基础上手的程度，吸引了大批用户。为了更好地激励用户创作，Roblox 在 2011 年推出了第一个 Hack Week（即大致给用户一周的时间把想法创造出来），并逐渐演变成了一年一次的固定节日。与此同时，随着移动互联网快速发展，移动端和 PC 端分庭抗礼，Roblox 2021 年上线 iOS 版本，月活跃用户数（Monthly Active User，MAU）达到了千万级别，Roblox 成为当时最受欢迎的儿童娱乐平台之一。

真正让 Roblox 成为亿级 MAU 平台的推动力是2013 年推出的创作者交易计划。这个计划有一个通证激励机制，即允许创作者自行设计他们游戏中的经济模型和付费内容，用户在某一作品中消费 Robux，这个作品的创作者就能获得一部分 Robux 作为酬劳，而 Robux

可以直接兑换成现实货币。也就是说，创作者除了凭借兴趣和热情来创作游戏，还可以凭借自身作品获得收入。这让很多年轻的创作者通过 Roblox 获得了人生的第一桶金。短短几年时间，Roblox 就有几百万的创作者和上千万的游戏作品。

2016 年 VR 热潮爆发，Roblox 宣布登陆 Oculus Rift 平台，用户可以在平台上设计自己的 VR 游戏世界。并且 Roblox 打造了一个带薪实习项目作为年轻开发者的孵化器。2017 年，Roblox 为开发者提供千万美元收入分成。随着人气游戏中角色的玩具化，游戏开发者还可以获得额外的奖励。

与市场火爆局面不相符的是 Roblox 的营业收入。在 Roblox 中的创作者能分到 Roblox 24.5% 的营业收入，这一成本远远超过了 Roblox 搭建基础设施和维护平台安全的成本。Roblox 的招股书显示，2018 年和 2019 年净亏损分别为 9720 万美元和 8600 万美元，截至 2020 年 9 月 30 日，前三季度净亏损上涨至 2.03 亿美元。然而，Roblox 还是在 2020 年获得了 1.5 亿美元的 G 轮融资，2021年获得了5.2亿美元的H轮融资并成功上市，首日收盘股价就上涨54.4%，短时间内市值飙升至400亿美元。为什么Roblox处于亏损状态还会受到资本的青睐？因为相对于亏损，Roblox的付费游戏、广告、预付费点卡等众多的盈利手段及良好的社区氛围有着巨大的商业价值。Roblox招股书还显示：2018年和2019年Roblox预订收入分别为4.99亿美元和6.94亿美元，截至2020年9月30日，前三季度预订收入飙升至12.4亿美元，比2019年同期的4.58亿美元激增171%。在这份招股书中，Roblox提到了"元宇宙"概念，让大家对下一世代互联网形态有了更多的预测和憧憬，引发元宇宙热潮。Roblox在上市的同时，也在构建着自己未来的元宇宙版图。Roblox未来有望打通Nintendo Switch、PlayStation和Oculus Quest 2三种设备，将更多的虚拟世界连接在一起。

纵观Roblox的发展史，Roblox无意中探索出了元宇宙可能的前进方向，为我们探索元宇宙带来诸多的启示。

第一，全新的创作体验。

在以往的虚拟世界中，我们选择角色或职业，选择了什么职业就提供什么服务，且无法设计新的角色或职业，是"被动"地创作。但是 Roblox 打破了这一藩篱，把整个世界的建造权交给了用户。用户不仅可以自己定义身份，更是可以创建自己所渴望的世界，获得真实的认同和情感。

在现实世界中，我们只能体会现实这一场景，在游戏的虚拟世界中，我们只能体会别人构建的世界场景，扮演别人指定好的角色，虽然这一体验已经超越了现实，但是我们存在于他人设置的条条框框中，总有戴着镣铐跳舞的感觉，缺乏足够的开放度。而在 Roblox 中我们可以创建任何自己想象的世界，可以通过构建欧洲中世纪背景体会当骑士的感觉，也可以构建未来科幻世界，还可以去模拟扮演现实父母的角色体验养儿育女的酸甜苦辣。

其实在 Roblox 之前，一款同样带有创造性的虚拟游戏《我的世界》（*Minecraft*）也颇受欢迎，全球

MAU 达到上亿级别，许多创作者在 Minecraft 创作出了优秀作品，如 3D 版的清明上河图，或者编写游戏、复刻现实世界的建筑类型等。Minecraft 的创造技术被微软看中，微软在 2014 年以 25 亿美元的天价收购了 Minecraft 的开发商 Mojang。

综上可以看出，人们的创作潜力在元宇宙背景下可以被无限放大。用户在其中花费了心血去创作，他们接受自己创造的世界，接受自己扮演的虚拟形象，并能与自己创建的角色乃至整个平台扮演不同角色的用户互动。尽管世界是虚拟的，但是认同和感受是真实的。正是这种不同寻常的创作体验和互动体验，才使得用户不再把 Roblox 当成一款游戏去玩，而是切实地在创造和"生活"。这种丰富的创作带来的多重感受是远超现实世界及其他虚拟世界的。这一全新的创作体验也奠定了未来元宇宙世界内容创造的基调。

第二，通行证激发创作热情。

真正促使 Roblox 脱胎换骨的是创作者交易计划，

或者更直接地说是虚拟货币 Robux。

在 Roblox 中，用户可以构建、发布和操作 3D 游戏作品，然后在客户端销售和分发给其他用户。用户可以通过一次性购买游戏通行证或者多次购买创作者产品来使用 Robux。Roblox 不仅保持着超高的用户黏性，更让创作者共同享受创造所带来的红利，最大限度地激励用户用心创造真正好玩的游戏。当平台有了能持续创造新作品的用户，平台上的内容便会自发地快速增加和迭代，身在其中的用户在体验到海量且优质的游戏后，也会形成黏性很高的用户群，进而形成可自发性发展的经济系统。这一切让 Roblox 从一个收服务费的工具平台，真正转变成一个开放式的创造平台。也正是如此，Roblox 后来者居上，并逐渐与其他平台拉开了距离。

对于创作者来说，创作不再只是兴趣，而是一个变现渠道，有着实实在在的收益和价值，这不仅会激励他们去构建一个更有创意且具备更加合理的经济系统的虚拟世界，更是与用户的现实收入和资产做了连接，变革人们的创作方式及资产形式。Roblox 招股书上显示：

2019 年 9 月至 2020 年 9 月，超过 96 万个开发者获得了虚拟货币 Robux，其中超过 1050 个开发者收入 1 万美元及以上，近 250 个开发者收入 10 万美元及以上。2020年前三季度，Roblox 上的开发者总共赚了 2.09 亿美元，远高于 2019 年同期的 7220 万美元。这些无疑是令创造者激动的数字了。

第三，社交网络效应被进一步放大。

腾讯为什么能成为全球游戏界的翘楚？因为它有强大的"社交背景"。QQ 和微信作为两大社交软件为它提供了海量的用户，这便是社交网络带来的巨大网络效应。同理，Roblox 也是这样一个拥有着丰富用户的平台。

在 Roblox 中，任何玩家都可以拥有自己定制的虚拟形象，可以自由穿梭于任何 Roblox 平台上的游戏，从一个游戏跳转到另一个游戏时还可以邀请好友，人际关系的联动就此建立。加之 Roblox 具有更真实的沉浸感，让用户在体验一款游戏之余，还有仿若在体验一种虚拟生活的额外感受。Roblox 非常注重用户

的社交体验。2021 年 8 月，Roblox 购买了聊天平台 Guilded，并推出语音聊天系统，帮助用户如同在现实生活中一样无缝交流。

元宇宙社交还有一个非常突出的特点：人们可以在元宇宙跨越国界互相交流，不会再受地理、语言、性别、年龄限制。每个小圈子的融合，每个社区的创建，都是由元宇宙中有着共同价值观和共同喜好的人互相吸引聚集而成，就像 Baszucki 创建 Roblox 的初衷是聚集一类"新"的人一起做事。与此同时，借助元宇宙社交也可以进一步实现团队和组织的协同，甚至可以实现社会大规模的协作。

衡量元宇宙是否繁荣的重要指标就是创作者的数量和活跃度。Roblox 得益于庞大的生态应用数量和用户群，目前在这个赛道中独占鳌头。很多企业受其启发，正乘着元宇宙的东风，纷纷瞄准元宇宙内容创作平台这一赛道。

UGC 资产定向

如果说 Roblox 奠定了元宇宙内容创作模式，Decentraland 则在其基础上借助区块链技术展示了元宇宙的数字资产发展方向。

通过前面对传统游戏《热血传奇》《魔兽世界》及新兴游戏平台 Roblox 的分析，我们可以预见：未来元宇宙的内容产生形式除了 PGC（Professional Generated Content，专业原创内容）、UGC（User Generated Content，用户原创内容）之外，还会随着 AI 技术的不断成熟出现 AIGC（AI-Generated Content，人工智能原创内容）。AIGC 的归属权在于 AI 归属于谁，本质还是在 PGC 和 UGC 范畴中，因此这里我们重点讨论 PGC 和 UGC。

PGC 是专业平台建设者生产的内容。我们以传统游戏皮肤为例。皮肤是平台游戏开发者为用户专门设计的，

并规定了使用的规则，如皮肤只能在游戏中针对用户某个账号下的特定角色使用，其他角色无法使用。同时为了保证皮肤价值，平台往往会人为设置推出数量和获得机制，总而言之，平台对皮肤有着绝对的控制权。所以，PGC 作为数字资产，往往是通过中心化地人为设置资产稀缺性来保证其价值。而元宇宙由一个个平台构建而成，这样的资产形式必然也会存在，但这样的中心化资产不会成为主流。

UGC 是用户创造的资产，如用户在游戏平台自己创造的、非购买自官方的道具、土地、房屋等资产。随着更为开放的游戏平台出现，这些资产已经可以进入市场进行交易。然而，Roblox 的出现让我们看到了 UGC 的发展潜力，同样也让我们看到了问题所在。创造者在 Roblox 平台上创造各种内容，这些数字内容通过创作者交易计划变成了数字产品，只要通过 Roblox 平台就可以流通，这是一个相当大的突破，但也只能在 Roblox 平台上进行。如果想要把 Roblox 平台上的数字产品拿到其他平台使用，目前还做不到，因为其他平台还未和

Roblox 打通，这就限制了数字资产的流通。换句话说，缺乏充分的流通性就不能构成严格意义上的数字资产。

另外，资产有产权属性，虽然 Roblox 把创作权交给了用户，但实际上产权还是属于平台。比如你需要购买一种特殊建造材料，需要先付钱购买虚拟货币 Robux 再进行交易，虽然可以出售此材料加工后的道具获利，但是一旦平台终止这种材料的交易或下架这种材料，你便失去了话语权。也就是说，你手中的数字资产并没有得到百分之百的确权保证，这也会限制数字资产的跨平台流通。

概括起来，这类没有运用区块链技术的平台 UGC 资产存在以下短板。

第一，所有权有限。作品和收益是存储在游戏系统中的资产，版权受限，项目可由平台修改，创作者身份却很难被证明。

第二，收入有限。创作者可以从售出的数字商品中获得部分报酬，所有权限于一个用户实体。

第三，中心化系统限制了协作。所有交易都是第三

元宇宙
重构人类文明与商业世界

方控制，且很难跨平台流通。

第四，不够安全。基于服务器交易，欺诈的可能性高。

数字资产的形成，除了要具备收益性产权属性，还需要一个底层的平台，在资产层面提供严格的产权保护和跨平台的流通机制，这样一来，真正的元宇宙经济才会形成。目前，基于区块链技术的区块链游戏平台让我们看到了元宇宙 UGC 资产的实现路径 。

Decentraland 的内容创造

Decentraland 是以以太坊区块链为驱动力构建的一个虚拟世界，创建于 2017 年，但是它来头不小，号称是"以太坊第一虚拟世界"，因为它是第一个完全去中心化的且由用户所拥有的虚拟世界。Decentraland 由数量有限的被称为"LAND"的地块组成，功能和作用和 Roblox 类似，用户可以在这些地块上自由地进行创作和建造，实现天马行空的创意和想法。在 Decentraland 中，用户可以玩游戏，可以社交，还可以在其中购买和出售地块。和 Roblox 不同的是，Decentraland 不受中央控制，没有人可以破坏用户创建的世界，也就是说，你的世界真正地掌握在你的手中。

相比传统平台，Decentraland 是一个开放的、通证化的、去中心化的平台和市场，并逐渐与我们的现实场景交互。一位酷爱以龙虾形象进行创作的艺术家就在 Decentraland 创建了一个城市，这个城市有全数字艺术展厅和龙虾乐园，用户可以在其中看到各种波普艺术风格的作品，还可以在其中与美国传奇摇滚歌手合作推出新式音乐表演，甚至联合拍卖行举办 NFT 拍卖会等。2021 年 6 月 9 日，Boson 宣布以时价约 70.4 万美元在 Decentraland 中的维加斯城区购买虚拟地产，并计划建立一个虚拟购物中心。这些新潮的内容和体验，都将成为我们的资产，融入我们的现实生活中。

Decentraland 的通证模型

在 Decentraland 中，LAND 被分割成为单个土地 Parcel 和多个土地构成的 Estates，并用笛卡尔坐

标进行区分，每个 LAND 的尺寸为 16m×16m（或 52ft×52ft [⊖]），其高度与土地所处地形有关，LAND 永久归社区成员所有。基于以太坊智能合约（ERC-721）的 LAND 成为 NFT 数字资产，每个 LAND 都包含其坐标和所有者信息等。用户可以使用 MANA 代币购买 LAND，可以通过已宣布的土地拍卖政策获取或从当前所有者那里购买。LAND 具有一定的稀缺性，其数量与 MANA 严格对应以稳定币价。

也就是说，Decentraland 用 ERC-721 标准来创建、存储和交换资产，从而形成一个开放的、去中心化的市场，让用户（而不是中心化的公司或平台）能够从他们的内容创作、商品、服务或土地中获利。同时，Decentraland 还是 DeFi 世界里第一批采用 DAO 社区治理模式的项目，让用户拥有发言权。

另一个与 Decentraland 并驾齐驱的是 2012 年推出的沙盒（The Sandbox），和 Decentraland 一样以 UGC

⊖ 1ft=0.3048m。

为主。沙盒在推出后取得过不俗的市场成绩，2018年启动的区块链版本再度受到追捧，这个"第二春"被认为是远超游戏这个维度的革新。在区块链版本中，沙盒推出了土地LAND、代币SAND、资产类NFT（人物、道具等）三大代币，构成了沙盒的经济系统。

沙盒和Decentraland点燃了元宇宙虚拟地产市场。数据显示，2021年前10名最贵的NFT中，Decentraland、沙盒中虚拟土地的价值分别超6600万美元和3100万美元，可见市场对二者数字资产的认可度。

我们看到，在Decentraland和沙盒中，开源代码意味着用户可以通过自由创新和组合成为游戏的创造者。分布式账本的存在，让用户的账号、内容创建免于被盗和被篡改的风险，让用户将一切真正地掌握在自己手中。智能合约让用户可以自由掌握和支配自己的资产。NFT则将用户手中的资产映射到物理世界中，有了具象化的身份。

总结起来，基于区块链技术，未来元宇宙UGC资产有以下特点。

第一，用户拥有真正的所有权。用户创建内容可数字化、通证化转变成存储在去中心化账户或钱包中的资产，创造性作品不可篡改，用户永久保留版权。

第二，安全。区块链技术降低了欺诈的可能性。

第三，公平地分配。创作者将获得他们设定的内容、创作作品的合理收益，多个创作者可以自动分享报酬。

第四，去中心化交易、点对点交易，并且用户之间可以通过资产共享的方式进行协作，随着跨链平台的出现及 NFT 交易市场的成熟，资产流通将更加顺畅。

区块链游戏平台依托其通证激励特性，在 Web 3.0 体系下具有开放性、用户 UGC 资产产权属性明确且互通等众多特点，加上元宇宙可能衍生出的新商业形态（游戏平台、社交平台、流量入口等），我们相信区块链体系中的元宇宙项目的价值将远超传统的平台项目。

GameFi 的未来式

和传统游戏相比，区块链游戏（简称链游）影响了虚拟资产的确权和归属问题，在巨大的财富效应下，链游的投资色彩也越来越浓厚。但是在链游发展之初，很多人似乎更关注能不能快速挣钱，都是抱着投机心理。

链游最开始的形式便是 NFT 收集游戏，被市场公认的第一款是曾引发巨量关注的加密猫，不可持续的玩法导致加密猫无法长时间获取流量和价值量，注定走向低迷。

回顾传统游戏的发展历史不难发现，大多数游戏都是先用免费道具等激励措施吸引用户进场，等完成一定量的用户积累后，再一步步引导用户消费从而获利。链游也是如此，除了虚拟资产的确权和归属权，一切都需要围绕资产的流通展开。通俗来说就是将用户的虚拟游

戏资产转换成能交易、能提现的真正的资产。

链游天生与金融挂钩，优质的内容设计加上通证经济的设计让游戏中的 UGC 内容在用户群体中达成价值共识。游戏中有消费者也有生产者，生产者花时间产出内容，普通用户通过代币消费内容获得体验，如此构成一个完整的经济闭环，游戏才具备可持续性，才能达成真正的社区共识，挖掘出虚拟游戏的资产价值。GameFi 的出现就在解决这一问题。

GameFi 是"Game"和"Finance"的结合体，在游戏中加入金融变现，将金融产品以游戏方式呈现，将 DeFi 游戏化，游戏道具衍生品通证化或 NFT 化，并加入传统游戏的对战、社交等玩法，衍生出"Play-to-Earn"（边玩边赚，不仅获得玩游戏的愉悦，还可以获得道具、代币等数字虚拟资产，并可以在区块链市场中将其出售，获得如现实资产一般的收益）的模式。未来人类也将这种"Play-to-Earn"的方式运用于元宇宙中。GameFi 具有 DeFi 和 NFT 的"游戏化金融"概念，本质是通过"Game"的形式来降低准入门槛的金融活动，其真正的内核在于"Finance"。

我们以 Axie Infinity 为例。Axie Infinity 是一款由越南工作室 Sky Mavis 开发的 NFT 游戏。游戏灵感来源于宝可梦，游戏原理与加密猫相似，用户可以在游戏中收集、繁殖、饲养、交易名为 Axie 的宠物。2017 年 12 月，Sky Mavis 开始发行 Axie Infinity。2018 年，Sky Mavis 通过出售第一轮 Axie、核心资产和 ERC-721 NFTs 筹集了 900 ETH。2019 年，Sky Mavis 先后出售游戏土地获得 3200 ETH，随后将游戏土地和 Axie 市场合并、打通，到了年底发布卡牌战斗功能，开启了"Play-to-Earn"模式。但是由于当时的区块链技术应用相对单一，链游市场存在大量的泡沫，Axie Infinity 没有赶上好时候，没有得到足够的关注度。2020 年，鉴于技术的迭代、应用的拓展以及新冠肺炎疫情的影响，大量用户因 Axie Infinity 的游戏化机制和"Play-to-Earn"的商业模式进入加密市场，Axie Infinity 迅速爆火。

从游戏玩法来看，Axie Infinity 创造了一种结合游戏机制的新金融活动，实现了经济系统的自我造血功能，

让用户可以在其中边玩边赚。Axie Infinity 运用双币通证模型——治理代币（AXS）和报酬代币（SLP），并对两种代币进行了明确的职责划分。

SLP 作为游戏内货币，发挥着流通作用，用于购买游戏内的各种资产和项目。SLP 可以通过玩游戏获得，比如完成每日任务、战斗胜利等，也可以直接在交易所或 AMM 中购买。SLP 会随着战斗生成和宠物繁殖的速率进行相应的销毁，就像现实中把钱花掉了一样。如此一来，在保持供需稳定的同时，也可以为新兴增长板块带来空间，市场越繁荣，SLP 的供给需求也会更旺盛。

AXS 主要用于权益质押、治理和支付环节，AXS 定量发行，并且与同样限量的 Axie 直接绑定，具有一定稀缺性。用户参与生态治理就会获得相应的 AXS，同时，用户也可以通过质押 AXS 来获得股权奖励，并参与游戏治理。

在 Axie Infinity 中，每一次宠物交易、每一次宠物繁殖、每一块土地出售都会收取由 AXS 和 SLP 组合定价的费用。但是这笔费用并非由游戏平台收取，而是会存入

"Axie 国库"，成为用户的共同基金。随着越来越多用户加入 Axie Infinity 世界，一些服务型社区逐渐形成，提供与游戏相关的教育、培训和指导服务。用户也可以通过社区，用一种类似于借贷的方式向一些已经拥有宠物的用户借宠物，开启自己的养育和战斗之旅，借出宠物的用户不需要放弃链上的所有权，即借方拥有使用权而非所有权。与此同时，一些知名游戏公会也入驻 Axie Infinity，如 Yield Guild Games（YGG）。YGG 是一家通过游戏赚钱的公会，一个去中心化自治组织，专注于 NFT 游戏领域，与 League of Kingdoms、F1 Delta Time 和沙盒等十余款 NFT 游戏保持合作关系，YGG 的加入，让 Axie Infinity 更快地发展出社区生态。

AXS 相当于 Axie Infinity 世界的股权，总量有限，用户可通过社区质押换取股权，参与分红和治理。数字货币 SLP、AXS 在交易所交易，可以让玩家参与投资。Axie Infinity 虚拟游戏资产的有效流动，让经济系统形成了闭环，也让用户在其中真正实现了"Play-to-Earn"。

2021 年 5 月，Sky Mavis 完成了 750 万美元的 A 轮融资。Axie World 数据显示，Axie Infinity 在 2021 年 8 月的协议收入达 3.64 亿美元，环比增长约 85.7%，DAU 突破 100 万人。

Axie Infinity 的金融属性明显，被看作是 GameFi 的引领者，是"GameFi 的龙头协议"。但是放眼整体 GameFi 板块的发展，我们会发现断层非常严重，已经形成了头重脚轻的局面。虽然其他 GameFi 项目表现也很亮眼，但是市值并不高，依旧受到以下几个因素制约。

技术

GameFi 的第一道门槛是技术门槛，如平台技术掌握、钱包链上操作都需要一定的门槛。这一点也比较好解决，可以通过学习来解决，真正致命的是第二道门槛——资金。

资金

GameFi 的本质是金融活动，用户需要花费真金白银来参与游戏，我们要将资产换成 NFT 来参与活动，这对很多用户来说就是投资风险。

比如 Axie Infinity 并不是一款免费的游戏，用户需要先购买三只宠物才能进入游戏，鉴于一只宠物均价500 美元，因此游戏的准入门槛大约是 1500 美元，这对于很多用户来说是远超出经济范围的资金，因此设置准入门槛常被认为是在欠发达地区的一种投机手段。

性能

当前的公链技术也制约着 GameFi 的发展。不过随着区块链技术的进步、各种高性能公链的推出，技术问题将逐渐被解决。像 Axie Infintiy 所搭建的以太坊侧链一样，一些专注于搭载区块链游戏的公链开始出现。如搭载着 My DeFi Pet、AlienWorlds，以及 Thetan Arena 等链游的 KardiaChain 和 WAX 区块链已经有一定的用户基础。

形式

目前 GameFi 项目尴尬之处在于形式，大多数项目侧重于 NFT 而非游戏，加之金融思维导致很多链游形式十分单一，无法为用户呈现一个深度且有趣的游戏世界，用户普遍认为"不好玩"。如同互联网产品生态的打造一样，链游也需从底层技术基础到游戏内容应用、游戏开发工具、游戏玩家等各个环节注重趣味性和娱乐性。

Web 3.0 是一个更开放的世界，GameFi 项目不能妄图依靠金融利润手段吸引所有人加入，很多人玩游戏也并非因为其中的投资效益，而是因为游戏本身的娱乐性及超越现实的创意性，他们在意的是游戏本身而非其他。

也许 GameFi 项目的愿景应该像 Axie Infinity 在白皮书中写的那般：我们相信，在未来工作和娱乐将融为一体；我们认为要放权给我们的用户，让他们有机会获得经济方面的收入。

这也会成为我们未来生活在元宇宙中的愿景。

结合了区块链、游戏机制、NFT、DeFi 的 GameFi，构建了元宇宙的数字资产创造及流通体系，而元宇宙的到来，也为 GameFi 的发展提供了新的可能。

互操作性

元宇宙是一个更为广阔的虚实相生的世界，区块链技术能够让多个平台互相连接，只要这些平台构建在同一区块链上，只需要一个高效运转的 NFT 市场便能够实现。而在区块链体系下，NFT 的价值与稀缺性成正比，数字资产的稀缺性让其可被证明、可被追踪、不被篡改，提高了资产的透明度、安全性及不可变性。平台的互通性还会极大降低技术门槛。

流动性

在元宇宙中，各平台打通后，我们在玩一个新游戏时不需要再次购买新的角色或道具。通过使用原有的 NFT 资产，我们就可以轻松参与全新的游戏，这就解决了资金门槛问题。我们也相信，随着元宇宙的发展，通用的 NFT 资产会出现，比如具备价值共识的数字艺术

品、可通用的数字产品等。凭借通用 NFT 资产我们就能享受到元宇宙中大部分的平台服务，这意味着新游戏、新项目一经推出便拥有初始的流动性。如果平台内容足够优质，流动性将会呈现正反馈循环。也就是说，流动性带动优质内容发展，优质内容发展进一步提升元宇宙的流动性，从而实现优质内容和元宇宙的共同发展。

丰富性

元宇宙的广阔可以支撑游戏开发者设置各种各样的游戏机制，从而为玩家提供丰富的游戏体验，同时，随着内容渐趋丰富，市场竞争会越来越激烈。随着竞争机制的形成，一方面，内容创造的门槛会提升，低品质项目难以获得认可，从而促使项目不断提高品质；另一方面，这会是内容创造的市场考验，优质内容会得到市场认可，获得更强劲的发展。

总而言之，NFT 为 UGC 提供了资产化路径，显示出无限的发展潜力。GameFi 虽然来自游戏行业，但是在未来必将会进一步影响到社交、金融等人类社会生活的方方面面。NFT 会成为元宇宙的重要资产，GameFi 是我们了解元宇宙经济系统最直观的窗口。元宇宙会成为 NFT 和 GameFi 更大的舞台，把现实世界和虚拟世界彻底打通，构建人类社会全新的商业模式。

第六章

超大陆的登陆战

　　元宇宙是与现实世界交互的虚拟空间，是越来越真实的数字虚拟世界，是一块等待着全人类登陆的"超大陆"，蕴含着无限商机。已经察觉到风向的企业、地区乃至国家，正在掀起一场元宇宙登陆战……

登陆战打响

我们了解了元宇宙的概念和内涵、元宇宙的技术及商业发展模式，那么，我们为什么需要元宇宙？不仅因为元宇宙是人类社会、人类技术的发展趋势，更因为元宇宙将打破我们现实的发展困局。

在现实社会中，市场恶性竞争导致的供求问题，让人类商业社会步入内卷时代。资本渴望新出口，用户渴望新体验。此时，元宇宙仿若一夜春风来袭，让我们看到了打破桎梏、走出内卷的希望。

数字产品、虚拟偶像、虚拟资产、场景化社交、智能制造……现实叠加虚拟打开了一个广阔的商业潜能空间，满足资本对新增量的渴望。

可编辑的开放世界、孪生拟真、高沉浸式社交、创新性内容、多人实时协作……承载着用户的无限想象，满足用户对新体验的渴望。

元宇宙如哥伦布发现的新大陆一般，是一个全新的、等待着人类前往开发的新世界，带来全新的发展机遇。据普华永道推测，元宇宙相关经济将迎来大幅增长，市场规模有望在 2030 年达到 15 000 亿美元。科技巨头纷纷开始对元宇宙进行布局，引发了元宇宙的"登陆战"。

纵观元宇宙的国内外发展情况，各大科技巨头大多依托既有优势布局元宇宙，目前已经发展出三种布局方式。

方式一，聚焦核心元件和基础性技术领域

目前，英伟达、Facebook、微软等国际数字科技巨头还在加快布局元宇宙相关硬件设备，专注 XR 赛道。在国内，字节跳动也在加快推进元宇宙相关硬件的研发进程。

方式二，聚焦内容场景和商业模式

目前，Roblox、沙盒在不断完善操作工具、平台

功能和交互体验，加大对平台经济系统的创新。在国内，腾讯也在游戏、社交等领域加快对元宇宙的研究和开发进程。这些企业聚焦内容场景和商业模式，将探索出与元宇宙相关的更为丰富的应用场景。

方式三，政府推动企业入局

2021 年 5 月，韩国信息通信产业振兴院联合 25 个机构和企业（如三星、现代、LG 等）成立"元宇宙联盟"，旨在通过政府和企业的合作，构建元宇宙生态系统，建立韩国国家级元宇宙发展平台。2021 年 11 月，韩国宣布首都首尔成为首个加入元宇宙的城市并发布《元宇宙首尔五年计划》，将从 2022 年起分三阶段投资 39 亿韩元，在经济、文化、旅游、教育、信访等市政府所有业务领域打造元宇宙行政服务生态。

元宇宙尚处于早期发展阶段，巨头既在为保持自身行业地位而努力，也在以自身实力塑造着元宇宙的最终形态。我们通过了解头部企业对元宇宙的布局，可以敏锐地感知元宇宙的前进节奏和发展方向。

Facebook 的 Meta 野心

Facebook 是名副其实的社交巨头，截至 2021 年 6 月 30 日，MAU 已达到 19 亿人次。然而正当其市值来到万亿美元水平之时，恰逢移动社交增长受限、短视频布局受挫、iOS 渠道受阻等一系列变故。人们都在询问 Facebook 未来的增长点在哪里，Facebook 创始人马克·扎克伯格很快给出了答案——元宇宙。

2021 年 5 月初，扎克伯格在专访中说："我们希望让尽可能多的人体验虚拟现实，并能够完全融入'元宇宙'的世界。想象一下，在'元宇宙'中，人们可以超越任何边界和限制，去往任何一个梦想之地。你可以与老伙伴们同行，也可以结交一群新朋友。实现这些体验是我们作为一家科技企业的主要生计所在，也是我们的业务所在。"

2021年6月底，扎克伯格表示，Facebook的未来规划远不只是社交媒体，还要筑造一个元宇宙。

1个月后，Facebook立志用最短的时间打造世界上首个元宇宙超大陆，并给出了具体的时间：在5年内完全转型为元宇宙公司。扎克伯格表示，Facebook所构建的创作者社群，未来将与VR平台融合在一起，组成一个更大规模的Metaverse。Facebook的Metaverse将扩大其原本业务，应用于社交、办公、娱乐等多样化的场景。

2021年10月底，在一年一度的Facebook Connect大会上，Facebook曾经的大拇指标志被撤下，取而代之的是一个类似于"无穷"的新标志和一个新名字——"Meta"。成立17年零8个月的Facebook正式更名为Meta。扎克伯格表示："为了反映我们是谁以及我们希望建立什么，我们决定重塑我们的品牌。随着时间的推移，我希望未来我们不再只是一个社交平台，而是被视为一家元宇宙公司。"

从Facebook的角度看，在元宇宙中可以创建一个更大的社交平台，为用户带来更丰富、更优质的社交体验，充分发挥 Facebook 在社交领域的既有优势。此外，现如今元宇宙护城河极深，前期的技术和资金投入较大，一般企业很难入局。凭借着自身的平台、技术和资金优势，Facebook 积极布局元宇宙，其布局的重点领域是硬件设备。

2014 年，Facebook 以 20 亿美元收购了 Oculus——一家研发和生产虚拟现实设备的公司。当时这一举措被外界解读为扎克伯格在为"未来世界"布局。2015 年，Oculus 收购了专注于 3D 重建和混合现实的英国初创公司 Surreal Vision 和虚拟现实公司 Pebbles。2016 年，Facebook 又收购了 AR 自拍应用 MSQRD，同年，Oculus 发布 Oculus Rift CV1，这是一款采用全新设计，融合了专门的 VR 显示器、定位音频和红外跟踪系统的产品。2020 年，Oculus 发布了 Oculus Quest 2，该产品经过软硬件的升级，保证了画面的顺畅并降低了眩晕感，一经推出便广受好评。

也许我们看到的是一条粗暴的收购之路，然而对于

"不差钱"的 Facebook 来说，比起需要耗费大量人力、物力和时间进行自主研发，通过不停地收购获取核心技术和产品无疑是快速进入一个领域的最佳途径。当然，Facebook 也并非为了收购而收购，不停地收购是为自身虚拟技术添砖加瓦，降低对其他硬件制造商的依赖，从而保证在操作系统方面的独立自主。

那么，Facebook 未来的元宇宙规划是什么样的？

扎克伯格在财报电话会议上表示："我们不会试图以高价出售设备或类似的东西，因为我们的使命是为尽可能多的人提供服务。因此，我们希望所做的一切尽可能让大家负担得起，以便尽可能让更多的人参与其中。"毕竟只有当硬件能够为用户提供数字世界的真实感时，人们加入元宇宙的意愿才会提升。而当越来越多的用户加入 Facebook 构建的元宇宙之时，一方面，Facebook 传统的广告营收模式仍然会发挥作用；另一方面，Facebook 将复制创作者分成策略，为用户创造更多的收入来源。

Facebook 的目标是尽可能便宜地销售其设备，扩大其流量入口，然后专注于内容创作构建其商业模式。扎克伯格所设想的 Meta 不再是单纯的社交工具，而是一个数字虚拟新世界，其延伸内容涵盖社交、游戏、工作、教育及数字金融等领域，将构建起整个内容生态。

社交：自定义空间与虚拟形象

Facebook 旗下的 Horizon 平台添加了 VR 新功能——Horizon Home，用户可以使用此功能随心所欲地构建自己的"家"。在"家"中，用户可以与朋友们一起聚会、看电影、玩游戏，也可以通过 Horizon Venues 功能去参与一场身临其境的音乐会或虚拟演出。

另外，Quest 还上线了 Messenger 功能，用户可以拨打 Messenger 电话给朋友，在虚拟世界中与现实世界进行对话，进一步拓展了虚拟世界和现实世界之间的连接。

游戏：游戏边界进一步扩大

扎克伯格认为，人们对于元宇宙的探索还处在最

早期，但游戏无疑是目前最能被普通消费者理解和接受的切入口。所以 Facebook 在大肆收购 XR 企业时，也在同步收购游戏公司，如 VR 动作游戏《节奏空间》（*Beat Saber*）的发行商 Beat Games、类 Roblox 游戏（*Crayta*）的发行商 Unit 2 Games。

Facebook Horizon 也是一个创作平台，为创作者提供了由浅入深的创作工具，创作者可以精心制作多人游戏，还可以和朋友一起构建世界并通过分发渠道实时分享。用户可以通过 Home 界面来挑选由其他用户建立的世界，体验由创作者创造的不同形式的游戏。Horizon 与 Roblox 在游戏体验和创作方面很相似，但是基于 Facebook 的 VR 技术，游戏更具沉浸感。

除了"原创"的游戏，Facebook 还将经典游戏进行"移植"，进一步扩大了 VR 游戏的阵容。2021 年 9 月，Facebook 在 Oculus Quest 2 上线了《生化危机 4 VR》，1 个月后，扎克伯格又宣布著名大 IP《侠盗猎车手：圣安地列斯》即将第一次以 VR 形式在 Oculus Quest 2 上推出。这一举措将传统游戏纳入了元宇宙世界。

工作：虚拟办公空间

2021 年 8 月，Facebook 推出一款测试性 VR 远程办公 App——Horizon Workrooms，VR 用户们可以用虚拟卡通化身在虚拟的环境中召开会议。为了让用户在 VR 世界的工作更加便捷高效，Horizon Workrooms 将集成更多可用于多任务处理的 2D 应用程序。在未来，一些 Oculus 应用也将模糊 VR 和 2D 应用之间的界限，并为企业提供账户管理、IDP 和 SSO 集成、移动设备管理等服务。这款应用被 Facebook 称为迈入元宇宙计划的第一步。

与此同时，Facebook 也在日常休闲和社交的功能外添加了个人办公空间的功能，用户还可以自定义自己的工作空间。

教育：重塑未来教育方式

扎克伯格认为，VR、AR 将成为一种强大的教学工具，重塑未来的教育方式。为此 Facebook 设立了一个 1.5 亿美元的专项基金，计划在元宇宙中建立一个强大的

学习生态系统。这个学习生态系统将创造一种沉浸式教学体验，让人们以身临其境的方式直观地"看见"知识。基于这一学习生态，Facebook将着力培养教育领域的内容创作者。目前Facebook正在与实时内容开发平台合作，向人们传授创作教育性VR内容所需要的技能和工具等，并和多家大学、教育机构、非营利性组织达成了合作意向。

数字金融：Facebook的货币梦

既然是构建一个世界，那么就少不了货币参与流通和交易。Libra是Facebook推出的虚拟加密货币，曾在数字货币世界掀起风浪。Libra与多种法币挂钩，好比一个以区块链技术运行的全面中央银行，与我们认知的数字货币完全不同。这引起不少国家中央银行与监管单位的戒备，并因此对其加以抵制，这导致了Facebook被迫重新确定方向，将项目更名为Diem，项目也从虚拟加密货币变成了基于区块链技术的免许可支付系统，着眼于彻底改变全球支付系统。在这个系统中，有一种名为 Diem 的稳定币，只和美元"挂钩"，具备汇款、跨境支付、线上购物等功能。虽然改了名字和方向，Diem 还是因为其中心化属性受到质疑。

在 Facebook 的功能框架下，用户可以自行选择工作、社交、学习、娱乐等场景，每个板块也都蕴含商机。

Facebook 为了使虚拟和现实技术得到更好的发展，将花费 5000 万美元建立一个 XR 以及元宇宙项目的研究基金，用于投资元宇宙项目及进行外部研究。此研究基金规划周期为 2 年，主要通过和行业伙伴、民权组织、非营利性组织、学术机构等建立合作关系，思考元宇宙存在的如经济（数字经济、虚拟货币、NFT 等）、隐私、安全与诚信、公平和包容等问题。

元宇宙世界想要繁荣，首先需要有更多的人进入这个世界，硬件设备是基础，XR 是新的流量入口，Facebook 也用自身实践证明了这一点。从早期的 VR 投入，到基于虚拟现实技术的平台内容的延展，Facebook 告诉了我们要基于元宇宙激活 XR 内容生态，给我们畅想了未来元宇宙的美好画卷及巨大的市场空间，令人心潮澎湃。

元宇宙
重构人类文明与商业世界

但是冷静下来，我们依然要看到技术研发的难题以及政策等因素的影响，元宇宙的实现仍然需要一个漫长的发展过程。

字节跳动的"生态"打法

相比 2004 年成立的 Facebook，字节跳动显得非常年轻，但其发展历程并不缺乏传奇色彩。

2012 年，北京字节跳动科技有限公司成立，8 月推出今日头条 App。字节跳动凭借"算法精准匹配用户需求"的发展战略大获成功，这开启了字节跳动发展的第一阶段：资讯分发阶段。乘着互联网自媒体红利之东风，头条号、头条问答（后改名为悟空问答）、微头条等模块相继上线，内容平台搭建成形。2016 年，字节跳动抓住国内短视频风口，火山小视频、抖音、西瓜视频等密集上线，差异化定位打通细分市场，奠定了头部互联网公司的地位。2017 年，字节跳动看到了南美、东南亚等地区的流量蓝海，通过技术出海及本土化运营，火山小视频的海外版 Vigo Video 和抖音的海外版 TikTok 相继上

线。字节跳动还收购了美国短视频应用 Flipagram、音乐短视频平台 Musical.ly 等公司，进一步完善在海外短视频市场的布局。

在公司扩张的同时，字节跳动还实施多元化经营，业务版图延伸至金融理财、电商、教育、社交等领域，形成了"资讯分发＋内容社区＋短视频＋海外"的业务矩阵。从中我们可以看出字节跳动有着和 Facebook 相似的标签，其互联网基因和社交属性与元宇宙非常契合。于是，字节跳动也选择了相似的"硬件＋内容"路线。

2021 年 4 月 21 日，字节跳动投资近 1 亿元人民币入股代码乾坤。代码乾坤是一家以移动端游戏为主营业务的科技公司，通过自主研发的物理引擎逼真还原虚拟现实体验，并通过 UGC 平台聚集了一批创作者，构建了一个虚拟的世界——《重启世界》。和 Roblox 一样，这是一个具备高自由度的创造平台和社交平台，集想象创造、互动体验、社群交流于一身，有着完整的生态链。

字节跳动也和 Facebook 一样一直在 VR、AR 领域布局。比如 2017 年推出的 VR 社交，可以通过捕捉用户面部表情生成卡通形象。AR 扫一扫、AR 互动、AR 滤镜等也被应用于抖音、TikTok 等产品上。不同于 Facebook，字节跳动似乎更多是技术植入，并没有显眼的大动作，更像是乘着国内 AR 市场火热之风做一些尝试，直到 2021 年字节跳动以 50 亿元人民币收购 Pico，似乎才让大家看到其进军 XR 领域的决心。

Pico 于 2015 年 4 月成立，主营业务是 VR 软硬件研发制造，主要产品包括 VR 硬件和虚拟现实内容及应用。据智慧芽全球专利数据库显示，Pico 拥有已公开的专利申请超过 758 件，其中有效专利 413 件。在这些专利中，大多是与 VR 核心技术相关，包括显示设备、头戴设备、摄像头、智能眼镜、深度图像、手势识别、沉浸式体验技术等。

2020 年 Pico 推出的 Pico Neo 2，在易用性、性能和内容丰富度上做到了三者兼顾，性价比方面表现十分突出。在 IDC 发布的《中国可穿戴设备市场季度跟踪报告，2020 年第四季度》中，Pico 位居 2020 年国内 VR

一体机市场份额第一名，其中第四季度市场份额更是达到了 57.8%。

2021 年 5 月，Pico 发布了第一代 VR 一体机 Pico Neo 3，将上一代的双鱼眼环境摄像头改成了 4 个广角摄像头的定位系统，视野变得更加开阔，实现了小于 1mm 的定位精度误差以及小于 2ms 的运动延时。在较暗或者较亮、低纹理环境下，Pico Neo 3 仍然能够实现稳定的追踪定位功能。安全区域设置也有了大幅度的扩展，最大能够支持自定义 10m×10m 超大游戏空间。在实际体验中，其操作十分顺畅，并且有坐姿、站姿以及小范围、大范围区域的细分功能，十分人性化。IDC 认为其在各项硬件参数及定价方面已达到和 Oculus Quest 2 相当的水平，将助推 VR 消费级头戴式显示设备告别"轻奢"时代。Pico Neo 3 开售 24 小时即创下千万元销售额。

在内容方面，Pico 有 8 款 Top 级的 VR 游戏大作，如 *Superhot VR*、《超能军团》《废土时速》《红色物质》等，建立了中国规模比较大的开发者社区，具备较好的内容开发实力。

截至 2021 年，Pico 已经完成了 5 轮融资，投资方有基石资本、招商局资本、建银国际等。而字节跳动收购 Pico，可以确定是一次"强强联合"。

Pico 选择字节跳动，第一，能够获得雄厚的研发资金支持；第二，可以基于字节跳动各类平台带来亿级流量的营销拉动，这就好比 Oculus 因为背靠 Facebook，能让其市场关注度更高；第三，Pico 最大的短板在于内容，字节跳动无疑是不错的内容创造者，可以弥补 Pico 平台上资讯、游戏、视频等板块内容的不足。

因此，针对此次收购，优质硬件公司与互联网巨头合作，有人认为 Pico 和字节跳动或能复制 Facebook 和 Oculus 的佳话，Pico 借助字节跳动的资源和能力，有望成为一家世界知名的 VR 企业，而国内 VR 市场也将由这一结合逐步走向繁荣，相关的应用及内容生态都会得到培育。

我们可以从技术、内容和资金三个方面来看字节跳动的元宇宙布局。

技术方面：收购 Pico 是字节跳动在为进军元宇宙做

技术储备。字节跳动曾对外表示，收购 Pico 会支持其在 VR 领域的发展，不仅有助于吸纳人才，还可以并入字节跳动的 VR 业务线，整合字节跳动的内容资源和技术能力。另外，除了收购 Pico，字节跳动还投资了光舟半导体、百炼智能、摩尔线程、熵智科技等技术型企业。⊖

内容方面：抖音、TikTok 拥有全球范围的用户群体，在此基础上，字节跳动注册"Pixsoul"商标，研发元宇宙社交 App，打造沉浸式虚拟社交平台，还投资了代码乾坤发行的与 Pixsoul 类似的《重启世界》。这些内容平台结合 Pico 的硬件优势，将推动虚拟现实软件和硬件的发展，可打通软硬件内容、应用和服务的虚拟现实全产业链环节，构建完整的 XR 内容生态及活跃的

⊖ 光舟半导体，成立于 2020 年 1 月，聚焦衍射光学和半导体微纳加工技术，设计及量产 AR 现实光芯片及模组，而 AR 光学是 AR 引进系统的核心。百炼智能，成立于 2018 年 3 月，专注于 B2B 营销自动化的人工智能技术。摩尔线程，成立于 2020 年 6 月，是视觉计算及 AI 计算平台提供商，专注于为数据中心、边缘计算服务器、专业工作站和高性能 PC 提供 GPU 计算技术和服务。熵智科技，成立于 2018 年 3 月，致力于人工智能创新技术研究与应用，是 3D 视觉无序抓取系统技术领跑者。

UGC 生态。

资金方面：字节跳动已经融资 10 亿美元用于元宇宙领域的技术研发，在不断升级的互联网巨头竞争中寻求自己的元宇宙平台。

站在元宇宙风口，不仅科技领域会掀起新一轮的创业热潮，这些企业得到互联网巨头雄厚的资金注入，也必将夯实元宇宙技术基础，加速元宇宙时代的到来。

腾讯的资本布局

当字节跳动布局元宇宙，打造虚拟"超大陆"的时候，国内游戏互联网巨头腾讯在元宇宙超大陆的打造上也不曾落于人后。实际上字节跳动和腾讯的元宇宙争夺战早已开启。

2021年7月，腾讯代理发行 Roblox 中国版游戏《罗布乐思》，8月字节跳动投资的《重启世界》上线。腾讯投资的 Soul，主打"年轻人的社交元宇宙"，字节跳动也研发元宇宙社交 App Pixsoul。

二者交锋不断，但是字节跳动和腾讯背后的发展逻辑却不完全相同。

对于字节跳动而言，元宇宙就是一个巨大的风口，目前大家都处于从0到1的阶段，鹿死谁手尚未可知。而其自身作为一个依靠算法内容分发崛起的企业，各流量生态协同效率比较低，在流量触顶的互联网大环境中，想要突破算法分发构成的业务壁垒，必须寻找可替代的新技术。设备VR作为元宇宙的硬件入口成为字节跳动的最佳选择。得益于自身强大的游戏开发与运营体系，腾讯对于元宇宙的终极形态有着更深刻的认知。因此，对于元宇宙，字节跳动选择"生态"打法，腾讯选择"资本＋流量"的布局方式。的确，腾讯拥有大量探索和开发元宇宙的资本和能力。

2020年9月，马化腾在内部刊物《三观》中写道："一个令人兴奋的机会正在到来，移动互联网十年发展，即将迎来下一波升级，我们称之为'全真互联网'……虚拟世界和真实世界的大门已经打开，无论是从虚到实，还是由实入虚，都在致力于帮助用户实现更真实的体验。"马化腾还表示，全真互联网是腾讯下一个必须打赢的战役。马化腾口中的"全真互联网"与元宇宙异曲同工，被认为是元宇宙前身。

2021年1月，曾任腾讯公司副总裁、腾讯人工智能实验室领导人的姚星，成立新公司"元象唯思"，专注于

将人工智能、云渲染、视频编解码与大系统工程等前沿技术引入数字世界生成的过程中，在线上线下为消费者提供前所未有的交互体验。总结起来就是专注于打造全真互联网。

2021 年 2 月底，腾讯透露天美工作室（研发《王者荣耀》的工作室）负责人姚晓光将亲自带队开发一款游戏，对标《头号玩家》中的虚拟世界绿洲。

2021 年 3 月，腾讯进行了一次组织架构调整：腾讯视频、微视、应用宝被合并，进入新成立的在线视频事业部；QQ 原负责人梁柱调任腾讯音乐 CEO；天美工作室负责人姚晓光兼任 PCG 社交平台业务负责人，主管 QQ 业务。

腾讯成立二十余年来，只有 2005 年和 2012 年进行过两次大规模架构改革，分别对应 PC 互联网时代和移动互联网时代。这次的组织架构调整虽然调整规模不大，但是却比大调整更加微妙，长短视频合并，做游戏的接管了社交，因此很多人认为此次的调整是腾讯针对全真互联网，更确切地说是元宇宙的内部布局。

另外，腾讯也在申请注册"王者元宇宙""天美元宇宙""QQ 元宇宙"等商标。

这一切足见腾讯对元宇宙势在必得。然而，腾讯布局元宇宙真正令人侧目的其实是投资。

腾讯构建了一个庞大的 LP（Limited Partner，有限合伙人）版图。市面上几乎所有的一线 GP（General Partner，普通合伙人），如红杉中国、高瓴、云峰，都可以在背后看到腾讯的身影。

通过投资的方式，腾讯形成了以下的元宇宙资本布局。

2012 年，腾讯以 3.3 亿美元收购了 Epic 40% 的股份，Epic 有行业标准的虚幻引擎、对开发者友好的发行平台和最具元宇宙潜力的大型游戏。

2017 年，腾讯入股 Snap，Snap 的业务内容涉及 AR 开发平台、AR UGC 生态和 AR 设备。

2019 年，腾讯与 Roblox 合资创办团队，建立战略合作关系。2020 年 2 月，腾讯参与"元宇宙第一

股"Roblox 的 G 轮融资。

2019 年 9 月，腾讯投资游戏直播社区 Discord，Discord 是专为游戏社区设计的网络通话软件与数字发行商；2020 年，投资虚拟演出服务商 WAVE。

而对于 Soul，腾讯持股 49.9%，是最大的股东。Soul 主打"年轻人的社交元宇宙"，用户通过完成 30 秒的"灵魂鉴定"就能找到与自己兴趣相投的同龄人，自由表达想法和认知世界，建立属于自己的"社交元宇宙"。

在元宇宙基础架构方面，腾讯没有直接布局 XR，而是通过投资 Epic，协同 Snap 虚幻引擎打造镜像世界。

在元宇宙内容和场景方面，腾讯在社交（微信＋QQ＋Soul）、游戏（《罗布乐思》和《堡垒之夜》将是腾讯在元宇宙游戏方面的两大王牌）、娱乐内容（阅文集团）等领域的优势地位非常稳固。

在元宇宙技术基础设施建设方面，腾讯也有着丰富的技术储备。据智慧芽全球专利数据库最新数据显示，腾讯在全球 126 个国家和地区中，共有 24 000 余件元宇宙领域的已公开专利申请，其中，发明专利占99.74%。腾讯在该领域的专利布局主要集中于数据处理、区块链、服务器、人工智能、图像处理、虚拟场景等专业技术领域。

以投资而不是完全拥有的方式，让腾讯在每个环节都掌握了核心，不失为一种快速进入元宇宙的正确方式。

元宇宙是虚拟世界和现实世界日益融合的未来，在这个过程中，不管是字节跳动的技术力量还是腾讯的产业聚合，都会是促进元宇宙到来的重要力量。

NFT"卖水人"阿里巴巴

当字节跳动和腾讯在 XR、社交、游戏领域开启争夺战时，阿里巴巴独辟蹊径，率先闯入 NFT 赛道，掀起国内数字藏品热潮。

2021 年 6 月阿里巴巴与敦煌美术研究所联合发布了两款 NFT 产品——敦煌幸运飞天和敦煌祥瑞鹿王皮肤，在用户购买后，支付宝付款码上会显示 NFT 皮肤。这是阿里巴巴在 NFT 领域的初次试水。

随后，在 2021 年欧洲杯期间，阿里巴巴将罗纳尔多、本泽马等人的进球瞬间制作成 NFT 藏品，并向 1600 名用户发放"得分王"同款数字奖杯，这也是阿里巴巴的一次尝试。

2021 年 8 月，阿里拍卖与新版链共同建设的"区块链数字版权资产交易"频道上线，主要为文学、游戏、音乐、动漫、美术等著作权人提供数字作品版权认证和上链交易。同期，阿里拍卖上线"光笺"数字收藏产品展示平台，主要提供 NFT 存证和展示服务，同时为生态伙伴链上的数字资产提供跨链接入服务。

2021 年 10 月，云栖大会当天，天猫上线"天猫双 11 首届元宇宙艺术展"，推出 8 款数字藏品，包括 Alienware、博柏利、小鹏汽车、五粮液、自然堂等品牌。在这场艺术展中，数字藏品还会与阿里巴巴的超写数字人 AYAYI 互动。

而在"双 11"前，阿里巴巴还举办了一场真实与虚拟融合的元宇宙交响秀，以全息技术邀来元宇宙中的贝多芬，一支交响乐团演奏了永恒的经典《欢乐颂》。参与演奏的 10 款主要乐器全部是数字虚拟产品，并与 10 个品牌合作，全部可生成限量的数字藏品进行发行。如与自然堂合作的冰域流象限大提琴，造型是一款流淌着冰川之水的数字虚拟大提琴，其灵感来源于自然堂的冰肌水。

如今点开支付宝小程序，直接搜索"鲸探"，就会出

现数字藏品，大部分售价并不高，都是大家能够接受的，发行量控制在 1 万份左右。其中一些特殊的藏品，如国画、插画、数字绘画等还需要通过拍卖形式获得，拍卖价格也只是几百到几千元不等。

然而阿里巴巴的 NFT 产品并不能交易。比如欧洲杯期间阿里巴巴发放的数字奖杯不可转赠也不能买卖，只能被留在蚂蚁链上供人欣赏。很多人可能会很疑惑，阿里巴巴为何要"剥夺"NFT 产品的交易属性？这一切也要从阿里巴巴的初次试水说起。

发行敦煌幸运飞天和敦煌祥瑞鹿王皮肤时，阿里巴巴并不想以此谋利，因此每一份 NFT 定价只有 10 个支付宝积分加 9.9 元人民币。没想到产品一经推出不仅被抢购一空，甚至在二手交易平台上被转卖到了几十万元的天价。

阿里巴巴意识到了市场的疯狂，因此接下来在推出 NFT 产品时，便规定 NFT 产品只供收藏、不可交易，同时设计了转卖规则：首次购买用户必须持有 180 天才能转赠，受赠者必须持有 2 年才能转赠。阿里巴巴的初衷是让大家拥有自己的数字藏品，而不是去投资炒作。

数字藏品是虚拟数字商品，阿里巴巴的每个数字产品都映射在蚂蚁链上。蚂蚁链是蚂蚁集团代表性的科技品牌，是一个单独的联盟链，通过融合交叉区块链、AIoT、数据分析和智能风控等技术，致力于打造数字经济时代的信任新基建。而在数字商品及虚拟凭证发行及交易方面，可提供虚拟凭证信息技术服务、可信存证技术服务、区块链技术服务。

也就是说，每个阿里巴巴的数字藏品对应着蚂蚁链上唯一的序列号，不可篡改、不可分割，也不能互相替代，每一个数字产品都代表特定艺术品和商品或其限量发行的单个数字复制品，记录着不可篡改的链上权利，藏品的每一次转赠也都会被记录在蚂蚁链上，也就防止被有心之人利用。在阿里巴巴看来，数字藏品是虚拟数字商品，或使用了蚂蚁链区块链技术进行唯一标识的数字化的特定作品、艺术品和商品，和虚拟货币等同质化代币存在着本质不同，并不具备支付功能等任何货币属性。

外界也曾对阿里巴巴有过误解，认为阿里巴巴发行NFT相当于发行代币，对此蚂蚁链明确表示：NFT不是虚拟货币，NFT是解决数字藏品确权的一种有效和可靠的技术手段，具有唯一性和不可分拆性，不具有等价交换物的特征，和比特币等虚拟货币有着本质区别。与阿里巴巴持有同等观点的还有腾讯。在腾讯研究院举办的线上圆桌论坛上，腾讯云区块链产品总监秦青也表示，NFT在联盟链上发行可以做到真正地去掉货币的属性。

从中我们也可以看出，NFT真正的意义不在于投机，而在于在盗版泛滥的互联网时代，让每个人都能轻松地体验和拥有任何形式的数字藏品，并把它们变成自己的专属藏品。同时NFT为艺术创作提供了更多的玩法和权益保障。

当然，除了美好的初衷，阿里巴巴进军NFT赛道也是在为自身发展考量。

NFT降低了成为新一代"数字收藏家"的门槛，且一大妙趣在于其千变万化的呈现方式，声音、文字、绘画、音乐都可以生成NFT，它可以出现在任何电子屏上或被打印出来，可以用作头像，可以与他人分享。随着 NFT 热潮的蔓延，NFT 走向大众已成为趋势，数字文化产品在元宇宙中也将如数字商品一样普遍。

数字藏品作为一种形式创新的电子收藏品，其独一无二、不可复制的特点与当下年轻消费者追求个性、真我的消费主张和生活态度不谋而合，可以理解为是集品牌价值、藏品本身艺术文化价值、稀缺价值于一身的结果，将会引发一场数字新营销变革。越是有文化属性的品牌，越容易做出相得益彰的 NFT 数字藏品。

比如故宫博物院近几年融入了数字化风潮，让很多年轻人感受到了传统文化的魅力，数字藏品作为文创新形态，迅速得到大众的认可。"鲸探"就曾上线了故宫太和殿上屋脊兽龙的数字藏品，藏品上线一分钟后便售罄。

再如阿里巴巴在"天猫双 11 首届元宇宙艺术展"推出的五粮液限量数字藏品"疑是银河落九天"，由金色和银色的粒子组成的瓶身和商标，如流动的星河般熠熠生辉，更与五粮液的历史、文化息息相关。数字藏品

的背后都是一个个品牌的文化印迹，体现着文化历史传承，因此才使其具备收藏价值。

数字藏品的未来想象空间是巨大的，所能创造的生态也是没有边界的，对于品牌和平台来说，越早抓住数字藏品的机遇，越早抓住早期的红利，就越能在未来的元宇宙战场中占得先机。

另外，阿里巴巴也一直在其他领域积极探索元宇宙。如阿里巴巴新加坡控股有限公司申请注册"阿里元宇宙""淘宝元宇宙""钉钉元宇宙"等多项商标；阿里巴巴达摩院 XR 实验室在 2021 年云栖大会上正式露面；阿里巴巴成立的全新子公司"元境生生"，扮演着"新基建"的建设者和技术的推动者角色。

虽然元宇宙还处于发展早期，但是通过巨头们的布局我们大概可以看出元宇宙的建设路径：提供元宇宙体验的硬件入口和操作系统，如 XR 和脑机接口；完成支持元宇宙平稳运行的后端基建和底层架构，如云计算、区块链；构建百花齐放的内容和场景。

元宇宙启示录

今天，谈到元宇宙很多人可能依旧觉得这是"科幻"。很多人也很疑惑，看上去充满"幻想"色彩的元宇宙究竟是空中楼阁还是未来之路。

其实，如何看待元宇宙，又会看到什么——这是眼界的问题！

元宇宙不是一夜爆红，而是经历了一个渐进的变化过程，这一过程已有 20 年。在这 20 年中，慢慢地我们发现一切都数字化了，世界到了融合发展的历史时刻，有技术的融合、行业的融合，也有我们物理生活和数字生活的融合。

那些走在时代前沿的人和企业已经将目光瞄准了元宇宙这个崭新大陆，国内外越来越多的互联网巨头携手科技企业争相进入元宇宙这一赛道！

对企业来说，靠着一款产品或靠着一家之力单打独斗的年代已经过去了，要么加入一个产业生态，要么创造一个产业生态。元宇宙便是这样全新的产业生态空间，它更加自由和开放，融合一切边界。

随着巨头的入局、科技企业的技术迭代、数字资产的兴起、新金融范式的成形，互联网已经开启了元宇宙时代，人类的商业世界正在发生巨变，生产要素、生产力和生产关系都在同时发生改变。这就如曾经的互联网时代发展之初一样，拥抱变化，则乘着风口起飞；迟疑，则错过一个时代。

对普通人来说，元宇宙时代的开启正在逐步改变我们的生存及生活方式。

试想，凭借虚拟现实技术，我们可以体验太空遨游；危险又神秘的地方，不再需要我们亲身探索，通过元宇宙就可以身临其境；突发灾难，医生可以用数字身份远距离提供医疗援助。未来，我们的生活、工作、社交都可以在元宇宙中尽情绽放。无论如何，未来我们都会被动或主动地参与到这个新生活中，与其被裹挟着、带着别扭的情绪去接受，还不如敞开心扉积极去拥抱即将到来的变化，并从中发现惊喜。

元宇宙不是一个概念，而是实实在在重新定义着我们的生活。眼界决定未来，当眼界足够宽、眼光足够长远时，便能先人一步，永远走在最前方。

元宇宙也是一个哲学问题。

关于哲学问题，最核心的就是我们为什么活着？我们应该怎样更好地活着？对每一个人来说，不管从事什么事业，过着怎样的生活，最终的目的都是获得满足。

过去吃得好、穿得好、住得好我们就很满足。但物资匮乏的时代已经过去，现在吃得好、穿得好、住得好，仍旧不开心的原因是我们已经从物质消费阶段过渡到了精神消费阶段，从物质满足阶段过渡到了精神满足阶段。

现实中，我们也已经深刻感受到，更多的消费内容正在往精神层面、文化层面、虚拟层面迁移。我们不妨大胆想象一下：未来 10 年、20 年、50 年乃至 100 年人类会是什么样子？我们认为"创造 + 分享"会是未来人类自我实现的主要动力，"自由 + 价值"会是未来人类满

足自我追求的主要形式。未来的人类会着重满足马斯洛需求层次理论中提到的归属的需求、尊重的需求和自我实现的需求。

技术的诞生和发展，是人的需求及求知探索的天性驱动的。当我们看过了地球的风景，自然想看看宇宙的风景，于是人类不断研发航空航天技术，这带给我们的是精神层面的满足。今天人类的需求已经从追求物质满足迁移到追求精神满足，人类技术的发展、进步逻辑也发生了迁移，技术不仅服务于我们的生活，更会让我们获得更丰富的成就感和更大的价值感。元宇宙技术的哲学发展逻辑也在于此。

元宇宙的试错成本也极低，每个人都可以实现自己的奇思妙想，从而打破现实条件的束缚，尝试过上梦想的人生。而当这一切得以实现，人类文明也将进入全新的发展阶段。

最后，希望这本书，能够激发你一起思考元宇宙、理解元宇宙，让我们一起携手创造未来数字文明。

元宇宙·轻观点

元宇宙让我们活出了时间和空间的艺术感，三维虚拟现实对时间和空间进行重组，增强了现实体验，提升了人效，这是时代进步的结果。我们都应该拥抱时代。元宇宙给了很多人机会，尤其是普通人，元宇宙是一个人人平等的新世界，充满无限想象空间。

——北京雪莉文化传媒有限公司创始人　李新星

宇宙的创造过程无比奇妙，而元宇宙的世界充满想象。联结天地万有之能量，游走在虚拟与现实之间，只要我们心中有美好向往，元宇宙就可以成为连接未来的彩虹桥。

——链商创始人、深圳爱联教育科技有限公司董事长
王大山

　　"宇"代表上下四方，"宙"代表古往今来，宇与宙合在一起，代表着无限的空间和时间，象征着无限种可能……本书告诉我们，宇宙还有另一种打开方式。元宇宙丰富了我们的想象空间，扩展了我们的认知模式，是人类技术与艺术、商业和社会的又一次大融合、大跨越。元宇宙时代已经到来，我们很难说清哪一个是虚拟的世界，哪一个是真实的世界……或许真实世界本来就是虚拟的，而虚拟世界却是真实的……

　　　　　　——国内大型民企第一位首席品牌官、中国中小企业协会副会长

　　　　　　　　　　　　　　　　　　　　　　　徐浩然

　　中国人最应该懂元宇宙，因为我们最懂正反阴阳、有无相生、虚实结合的道理。元宇宙这个虚拟世界的精彩程度绝不亚于现实世界。刘沐真、王淳枫两位老师的新书带你了解新人类的"两栖生活"，让你看得更远、更深、更宽广。

　　　　　　　　　　　　　　——独立经济学家　葛昱菲

　　在我看来，元宇宙拉开了人类进入平行宇宙的序幕。人们习惯了完全以"物化"的眼光来看待世界，只有看得见摸得着的才是存在的……这种观点极大地限制了人类的眼界和智慧。作者一直走在时代前列，以独特的洞见引领了无数波思想和财富浪潮，这一次是元宇宙，再次与时俱进，引领读者进入全新领域。一部好书就是通向新宇宙的导航指南，这一本，精准、精确、简练、精彩。顺着书中的导航方向，定然可以顺利抵达思想升级和财富创造的彼岸。

　　　　　　　　——《沙之书：生命中的 52 束智慧之光》作者
　　　　　　　　董桃福（上官长风）

　　建构在 Web 3.0 之上的元宇宙是新一代数字科技的集大成者，它对于生活方式、商业模式甚至社会组织方式的变革，将远远超过互联网。本书就是一幅"元宇宙发展战略参考图"，让你看清趋势、提前布局。

　　　　　　　　——知名数字资产研究者　孟岩

元宇宙是下一代互联网，是 3D 版的互联网，给我们的感受不是平面的而是立体的。我们可以通过 VR 设备或脑机接口而非键盘鼠标进行访问操作。元宇宙是虚拟的现实世界，有映射现实世界的虚拟物品，更有映射现实世界的虚拟人，人类可以在元宇宙里工作、娱乐和生活。元宇宙的终极形态还可能是和现实世界融为一体的。在元宇宙中生活虽然是人类共同的梦想，但元宇宙的建设过程是艰难而漫长的，需要全人类的积极参与和共同努力。

——海南省人才战略研究会副会长、著名演讲家

王海童

元宇宙的特点、应用场景和商业价值潜力，你都可以在本书中找到答案，本书也会是你了解元宇宙的"入口"。

——火星财经创始人、共识实验室创始人　王峰

元宇宙不仅仅是一个虚拟空间，还是与我们现实空间产生交互的数字空间，是人类未来生存的"超大陆"，它跨越时空，让人类成为生活在现实和虚拟的"两栖"新人类，这对未来世界必然产生巨大的冲击。

——玛戈隆特骨瓷（上海）有限公司董事长　赵春阳

元宇宙经济会先于元宇宙体验，虽然目前我们看到的更多的是元宇宙在虚拟现实游戏中的发展，但是通过这本书，我们会看到更具普适性的发展方式和商业模式。

——毕加索集团股份公司（中国）执行总裁、艺术家
郭勇

元宇宙的出现，是否预示着人可以在新的世界再次被初始化，塑造一个完美的自己？不过我同时坚信人和人的最小区别是天赋，最大区别是坚持，所以无论在哪个世界，想要取得成功都需要付出坚持不懈的努力。

——克拉猫预言机专利发明人、飞象元宇宙实验室创始人
覃剑

元宇宙的发展与未来若干年的技术发展趋势息息相关。而元宇宙一旦实现，又将覆盖这些新技术所涉及的行业，并以此颠覆我们的生活。

——芯链 HPB 生态应用——Steam 社区创始人　李戴辰

元宇宙将迭代出新的生活方式，这是物质和精神领域的新升级，这也意味着商业世界将会迎来全新的变化。在"Meta 化"背景下，企业与用户之间的交互关系将会改变，我们期待元宇宙背景下新的商业模式。

——元宇宙商业化分析师、投资人　唐诗

有一个词叫"错失焦虑"，即害怕自己未能获得重要信息而产生的不安情绪。对于元宇宙这个全球概念，越来越多的行业意识到自身与元宇宙相关时，也越是焦虑，生怕错过任何风吹草动，错失发展良机。这本书会缓解大家的这种"错失焦虑"。

——新加坡电信前首席数据科学家　王跃

在元宇宙热潮下，大家都想抓住这一波红利。然而要抓住红利，不是去开发能蹭概念的产品，而是要真正地了解元宇宙的内涵、运行逻辑、商业赛道及商业模式，从而寻求契合自身的元宇宙发展路径。

——元宇宙研究学者　韦小为

....

元宇宙会是未来的发展方向，想要加入的人只会多不会少，希望更多的人能翻开这本书，客观了解并学习这个新生概念，研究巨头布局动向，在元宇宙这条路上少走弯路。

——湖南华达文化产业股份有限公司董事长　刘有为

....

不管是概念炒作还是真心研究，抑或是抢占新赛道，2021年就是元宇宙元年，元宇宙注定会产生巨大的发展势能。

——深圳前海九六上市服务有限公司执行董事　刘友才

本书从元宇宙的全景、技术、布局三大方面进行深度解读，揭示了元宇宙的全貌。本书行文简洁、内容硬核，是时下最为全面地介绍元宇宙的一本好书。本书揭下了"元宇宙"的神秘面纱，值得推荐。

——UB 数字产业集团创始人　包峻鸣

元宇宙的四大文明让我大开眼界，平行于现实世界的元宇宙，是未来互联网发展的重要趋势之一。现实和虚拟将在元宇宙中产生更加紧密的关联与交互，为普通人打开创造性的数字虚拟空间并提供创造价值的机遇。本书围绕元宇宙下商业模式的核心要素及模式创新，对数字资产确权、VR、GameFi 等热门元宇宙话题进行了探讨，展开了当前元宇宙市场格局的画卷，值得一读。作为作者的好朋友，也惊讶于他如此高效、全面、深入地推出了自己对元宇宙的理解，力荐。

——元宇宙商业导师　唐江山

目前元宇宙的发展还处于早期，但是通过对当今元宇宙产品、经济模式及巨头布局的了解，元宇宙未来的发展走向并不是不能预测的。

——区块链分布式存储布道者　吴岳

参考文献

[1] 赵国栋, 易欢欢, 徐远重. 元宇宙[M]. 北京:中国出版集团中译出版社, 2021.

[2] 陀螺财经. NFT应用分析报告|泡沫还是机遇?深度解析NFT应用价值[EB/OL]. (2021-05-20) [2021-10-01]. https://www.tuoluo.cn/article/detail-10055843.html.

[3] 顾佳, 禹世亮. NFT行业研究报告[EB/OL]. (2021-11-03) [2021-11-15]. https://www.stdlibrary.com/p-2276538.html.

[4] 张良卫, 李赛. 元宇宙专题报告(二):技术与应用变革掀开互联网新篇章, 把握元宇宙时代投资机会[EB/OL]. (2021-10-08) [2021-10-15]. https://www.dx2025.com/wp-content/uploads/2021/11/metauniverse_special_report_ii_technological_and_applicat.pdf.

[5] 中信证券. 图解元宇宙[EB/OL]. (2021-09-15) [2021-10-20]. https://www.baogaoting.com/info/72610.

[6] 加密湾Cryptowan. 一文读懂以太坊——ETH 2.0发展与投研报告[EB/OL]. (2021-07-30) [2021-10-22]. https://zhuanlan.zhihu.com/p/395202171.

[7] MMA. The Metaverse is the medium[EB/OL]. (2021-08) [2021-10-28]. https://www.mmaglobal.com/documents/metaverse-medium.

[8] TokenInsight. 2019年度DeFi行业研究报告[EB/OL]. (2020-01-14)[2021-08-20].https://www.tokeninsight.com/zh/report/1023.

[9] TokenInsight. 2020上半年DeFi行业研究报告-Part 2发行[EB/OL]. (2020-07-22)[2021-08-20].https://www.tokeninsight.com/zh/report/1169.